U0910242

杨朝仲 于兆鹏 钱颖 陈国彰 著

视线变远见

系统思考直击项目管理痛点

中国电力出版社
CHINA ELECTRIC POWER PRESS

内 容 提 要

本书针对项目管理中常常遇到的六大痛点——项目决策如何治标又治本，如何确定合适的项目，如何摆脱项目经常加班与返工，商业分析师、产品经理、项目经理的协同合作，项目知识很难沉淀，以及高效项目管理仪表板的设计问题，从系统思考的视角对项目管理的问题进行分析和阐述，并寻求有效的解决途径。

图书在版编目（CIP）数据

视线变远见：系统思考直击项目管理痛点 / 杨朝仲等著. —北京：中国电力出版社，2019.10

ISBN 978-7-5198-3767-9

Ⅰ. ①视… Ⅱ. ①杨… Ⅲ. ①企业管理－项目管理－研究 Ⅳ. ①F272

中国版本图书馆 CIP 数据核字(2019)第 216083 号

出版发行：中国电力出版社
地　　址：北京市东城区北京站西街19号（邮政编码100005）
网　　址：http://www. cepp.sgcc.com.cn
责任编辑：李　静　　1103194425@qq.com
责任校对：王小鹏
装帧设计：九五互通　　陈子平
责任印制：钱兴根

印　刷：三河市万龙印装有限公司
版　次：2019年10月第1版
印　次：2019年10月北京第1次印刷
开　本：710毫米×1000毫米　16开本
印　张：10
字　数：99千字
定　价：68.00元

序

眼睛看到的叫“视线”

眼光看到的叫“远见”

世界经济论坛针对第四次工业革命于 2016 年初发表的《未来就业报告》中指出，凡是讲究创意、具备批判性思维、能通过沟通协调与他人合作、解决复杂问题的能力，都不容易被机器人取代。其中沟通协调与他人合作就是“项目管理”的概念，而解决复杂问题能力的“复杂”指的是其问题具有“动态复杂”，类似下棋会时时牵一发而动全身，而非像拼图般只是单纯的“细节复杂”。动态复杂主要有两个特性：一是“利害关系复杂”，意思是事件牵涉的相关方变多，问题也会跟着变复杂；二是随时间流逝，问题会不断改变的“动态性”。

面对项目管理与动态复杂问题，企业经常发生“采用的策略无法产生预期效果，甚至出现火上加油”的情况，而策略之所以没有达到预期成效而是瞎忙，其症结点往往在于没有看清问题的全貌。如同观察冰山一般，只看见了水面上可见的部分，却忽略了隐藏在水面下的部分。要怎么做才能看见问题的全貌呢？那就是我们的思考模式必须是有系统的。“系统思考”淬炼过，将容易忽略问题内部的整体关联性，陷入项目管理、商业分析、企业决策治标不治本的情形。

为了能高效达成“系统思考即战力”的目的，本书针对动态问题解决与相关方所量身定做的系统思考方法称为八爪章鱼觅食术，以章鱼头绘制及爪子伸出抓食物与爪子将食物卷回口中来演绎问题的定义与从问题核心进行发散与收敛的分析动作，这样的设计方式不仅有趣好记而且容易学习应用，可以让商业分析师、产品经理、项目经理进行简单有效的问题解决与配套研拟。本书还将八爪章鱼觅食术实际运用在以下六大关键课题的分析与探讨中。

关键课题一：项目决策如何治标又治本？

关键课题二：如何确定合适的项目？

关键课题三：如何摆脱项目经常加班与返工？

关键课题四：三位一体，一体三位？

关键课题五：企业人员流动快，项目知识难以沉淀留存？

关键课题六：如何设计高效项目管理仪表板？

我们希望通过这本书，说明“系统思考”的概念在颠覆性创新时代很重要，还要教会读者如何去操作“系统思考”，并实际体会“八爪章鱼觅食术”如何达到问题解决、项目管理“视线变远见”的境界。

最后由衷感谢本书的共同作者——于兆鹏老师、钱颖教授、陈国彰老师，在百忙之中拨冗共同研究系统思考八爪章鱼觅食术在动态问题解决、项目管理、商业分析、企业决策等方面具体、有效地导入方法并参与本书的写作。

杨朝仲

2019 年 8 月

目录

序

【决策痛点一】

项目决策如何治标又治本？

第 1 章　项目与系统　/ 1

【决策痛点二】

如何确定合适的项目？

第 2 章　项目为何而做的系统思考与商业分析　/ 15

【决策痛点三】

如何摆脱项目经常加班与返工？

第 3 章　项目如何去做的系统思考与项目管理　/ 49

【决策痛点四】

三位一体，一体三位？

第 4 章　商业分析师、产品经理、项目经理间的系统思考　/ 65

【决策痛点五】

企业人员流动快，项目知识难以沉淀留存？

第 5 章　项目的知识管理与系统思考　/ 79

【决策痛点六】

如何设计高效项目管理仪表板？

第 6 章　系统动力学进行项目管理建模与决策分析　/ 95

附录 A　系统动力学简介　/ 133

附录 B　Vensim 模拟软件　/ 139

【决策痛点一】

项目决策如何治标又治本？

第 1 章

项目与系统

项目的本质就是系统

（美国）项目管理协会（PMI）《项目管理知识体系指南》《PMBOK®指南》一书提及项目管理源自系统管理，项目管理被视为系统管理的应用。由此可知项目的本质就是系统，所以系统会有的毛病，如牵一发动全身、见山非山、时间产生的后遗症等，在项目管理中都有可能出现，然而现有的项目管理教育缺乏对于“系统”的学习，以至于管理项目很少会注意有系统的问题。杨朝仲等人所著的《反直觉才会赢》一书曾比较项目与系统两者的对应关系，如下所示：

> “项目”系指一个特殊而有一定限度（时间与预算）的任务，或由一系列相互关联性的工作所共同组合起来的任务，而该任务是以获得特殊结果或圆满达成某种成就为目标。
>
> “系统”就是你所感觉到的整体，系统中的元素彼此纠结，会经由时间不断地互相影响，并且朝着共同的目的运作。

让我们将项目与系统的定义进行如下比较：

时间（项目）VS 时间（系统）

一系列（项目）VS 整体（系统）

相互关联性的工作（项目）VS 元素彼此纠结（系统）

目标（项目）VS 共同的目的（系统）

怎么样，项目与系统是不是像双胞胎？

何谓系统思考？“呼吸系统”就是解读系统思考的最佳案例。呼吸系统就是要在一段时间内，借由身体中相关的器官彼此进行因果互动，才能顺利完成通气和换气的呼吸功能。因此，当呼吸功能有问题时，我们不会只关心鼻、咽、喉或肺等单一器官。例如，喉咙有痰是喉咙造成的，还是鼻涕倒流所致？如果只专注在喉咙，解决的策略就会变成吃喉糖来缓解。但喉糖效果结束，还是会继续有痰。系统思考的道理是一样的。又如观察冰山一般，只看见了水面上可见的部分，却忽略了隐藏在水面下的部分。须知冰山隐藏在水下的体积是浮在水面上的体积的数倍，解决问题时如果没有能力掌握冰山的全貌，就贸然只针对看得见的部分处理，问题无法得到根本解决，早晚会出事，只是时间的问题而已。

而项目也是系统的概念，当项目管理发生问题时，若是直接分析锁定问题本身，然后就迅速地提出对策，而非经“系统思考”淬炼过，将容易忽略问题内部的整体关联性，陷入治标不治本的情形。这种短暂的胜利却隐藏严重后遗症的现象，值得慎思！项目管理也经常发现“采用的对策无法产生预期效果，甚至出现火上加油”的情况，而对策之所以没有达到预期成效，其症结点往往在于没有看清问题的全貌。因为项目组织是临时性组织，项目成员通常来自多个部门，所以项目经理要管理不同领域的人，亦如呼吸系统要发挥完整功能，项目经理需先定位好项目成员谁适合当鼻子、谁适合当咽喉、谁适合当肺，以及协调器官间相互联动的方式，最后管理其互动效率与排除问题。又如项目出现质量不好的问题时，如果项目经理只将注意力单纯

放在质量流程改善和质量控制工具的导入，而忽略其质量不好的根本原因，可能是项目无法按期或无法按预算完成的间接影响造成的，此刻时间进度和成本的检讨改善应该是比研究质量控制更迫切重要的工作。由上述可知，系统思考的能力对于项目经理是相当重要的。

要怎么做才能看见项目管理问题的全貌呢？那就是我们的思考模式必须是系统思考。

系统思考是一个探索的过程，系统思考就是借由不断向项目相关方提问“为什么”来追踪信息间串联的因果关系，以寻找出我们真正该关心的问题是什么。试想，我们看诊时，常会主动希望医生询问的时间与问题多一点，这样才能找出确切的病因来对症下药，医生问得少时反而还会觉得不放心。但是当我们面对职场或项目的问题时，为何就不会想采用医生诊断的这种思考方式来探索问题的原因呢?所以，我们在访谈时要以因果关系的思维持续地问相关方“为什么”，不断追踪“如何造成”或“如何影响”的信息。因为因果关系的信息获得越多，后续解决问题的分析工作就越容易。以下我们用两个企业案例来说明如何有效运用系统思考进行项目问题解决的分析工作（这两个案例改编自杨朝仲、于兆鹏在《项目经理》杂志所发表的专栏文章）。

企业成本控制问题系统思考分析

企业一旦发生利润下滑的问题，企业领导通常为了控制成本，都喜欢采用减少市场营销经费来试图解决问题，如图 1.1 所示，这是因为市场营销的绩效很难评估。

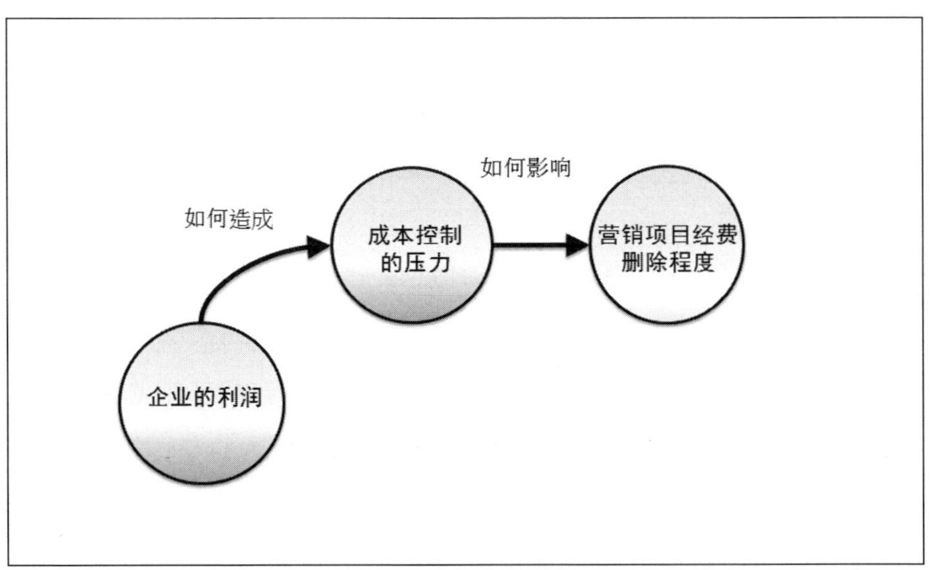

图 1.1　企业成本控制问题

减少市场营销的经费，将造成项目活动吸引力不足，会直接影响产品的能见度。经费减少的数量越多，产品的能见度就越低。产品能见度不足的现象若持续一段时间之后将会使产品的市场份额下滑，如销售渠道与促销活动逐渐减少，当减少到一定程度时，会使消费者因为购买不易或无促销吸引力而开始购买其他品牌来替代，故产品能见度越低，产品市场份额也越低。当产品市场份额越低时，企业的销售收入也会越低，如图 1.2 所示。

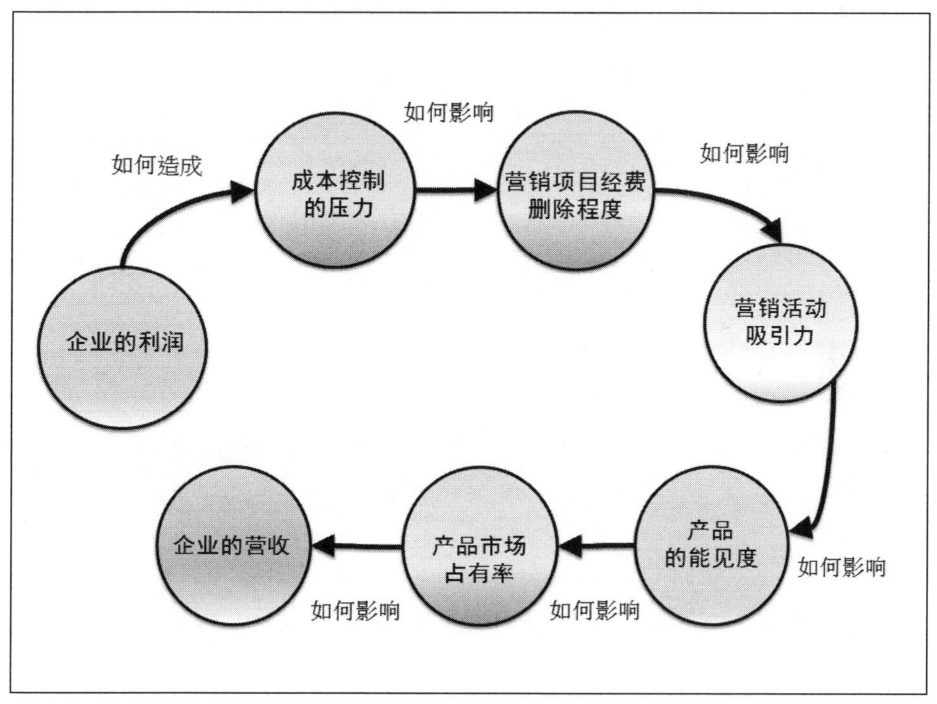

图 1.2　企业成本控制问题和产品市场占有率问题

企业的销售收入越低，理所当然企业的利润也会越低。此时领导又再度采用市场营销经费减少的对策来解决问题，虽然利润又迅速获得改善，但是一段时间后，再度采用市场营销经费减少的对策也带来了严重的后遗症，此时领导会更加依赖这类策略，成为一个可怕的恶性循环，如图 1.3 所示。

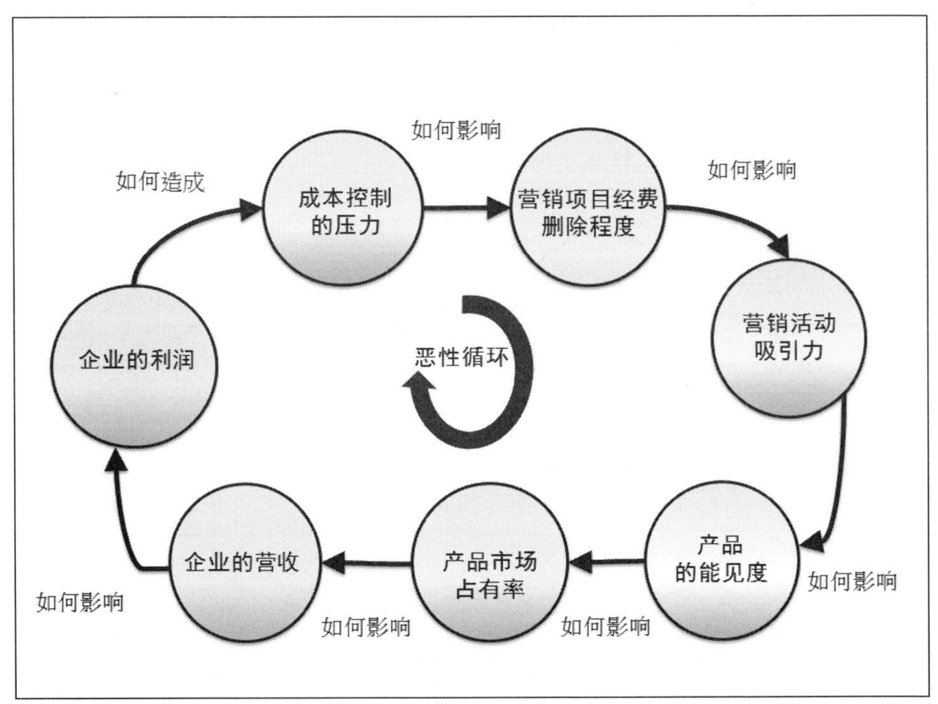

图 1.3　企业成本控制、产品市场占有率和企业利润恶性循环问题

当我们通过系统思考分析看见问题的全貌，这时要解决的问题难道会仅限于成本控制吗?

企业项目进度落后问题系统思考分析

图 1.4 呈现了企业在执行工程项目时经常发生进度落后的问题，我们希望可以运用系统思考来看见这个问题的全貌。首先，我们向项目重要相关方（本案例为项目经理）抽取因果关系的信息，再利用这些信息来绘制系统思考图。请大家注意系统思考图并非流程图，图中的箭头并非是 A 到 B 的流程关系而是 A 影响 B 的因果关系。从图中可以明显发现施工厂商进度落后是人力资源调度问题所导致的，而人力资源调度的发生原因可能是厂商同时进行多个工程项目，如果施工厂商同时进行的工程项目越多，将导致各项目发生进度落后的频率更高。接着，追踪进度落后的影响，当发生项目进度落后时，施工厂商会采取赶工的策略来应对。

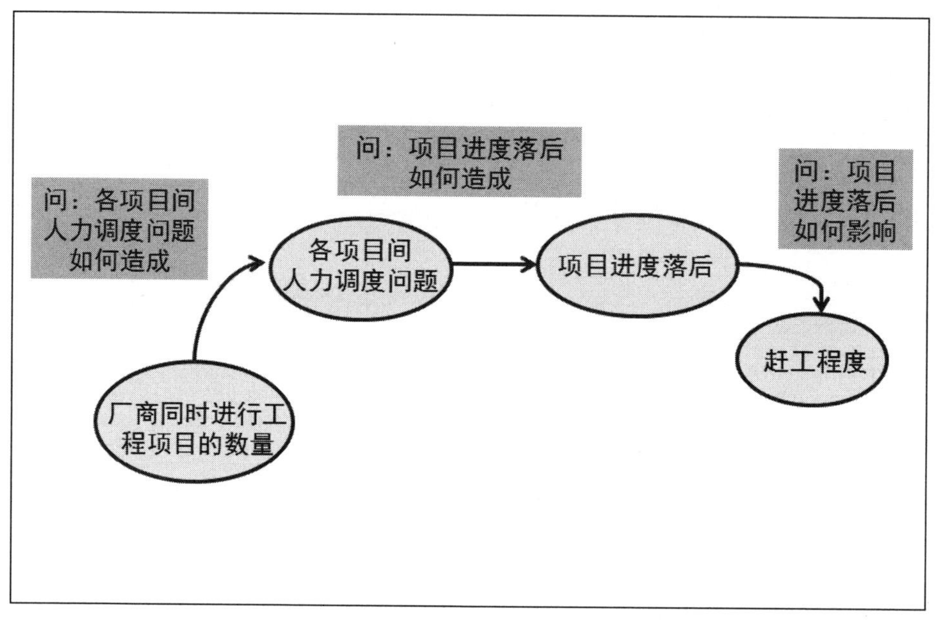

图 1.4　企业项目进度落后问题

赶工会加快工程施工时间，容易造成质量瑕疵的问题出现。当质量瑕疵出现时，厂商通常会采用返工的策略来应对。我们可以发现这时问题已不仅仅只有项目进度落后一项，还多了质量瑕疵的问题，如图 1.5 所示。

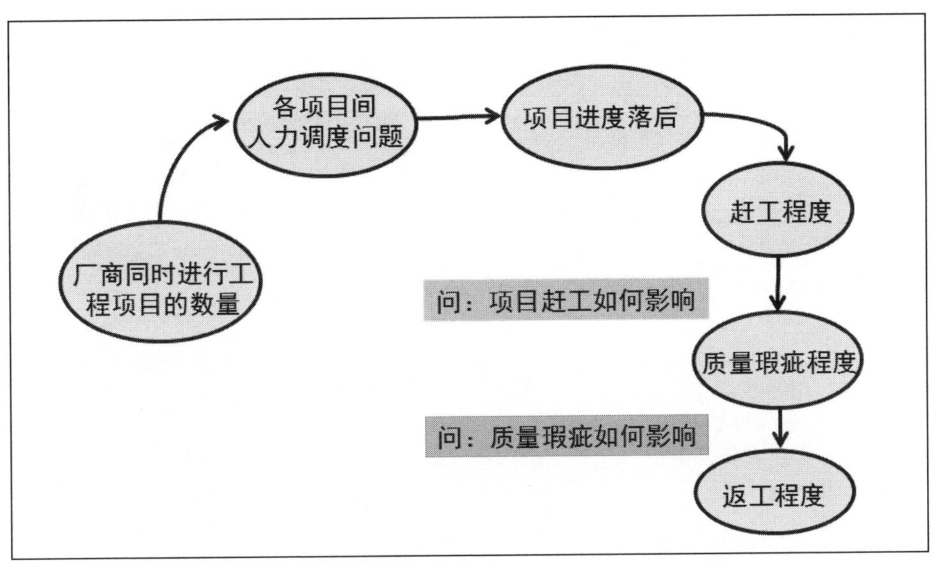

图 1.5　企业项目进度落后和项目质量瑕疵问题

施工厂商采取返工，会产生额外的项目返工成本。图 1.6 呈现返工的程度所造成的项目额外成本将会影响到施工厂商本身的利润。当施工厂商的项目利润受到影响时，会导致施工厂商去投标更多的工程项目来增加收益。我们可以发现这时的问题已不仅仅是项目进度落后+质量瑕疵了，还增加了利润的问题。

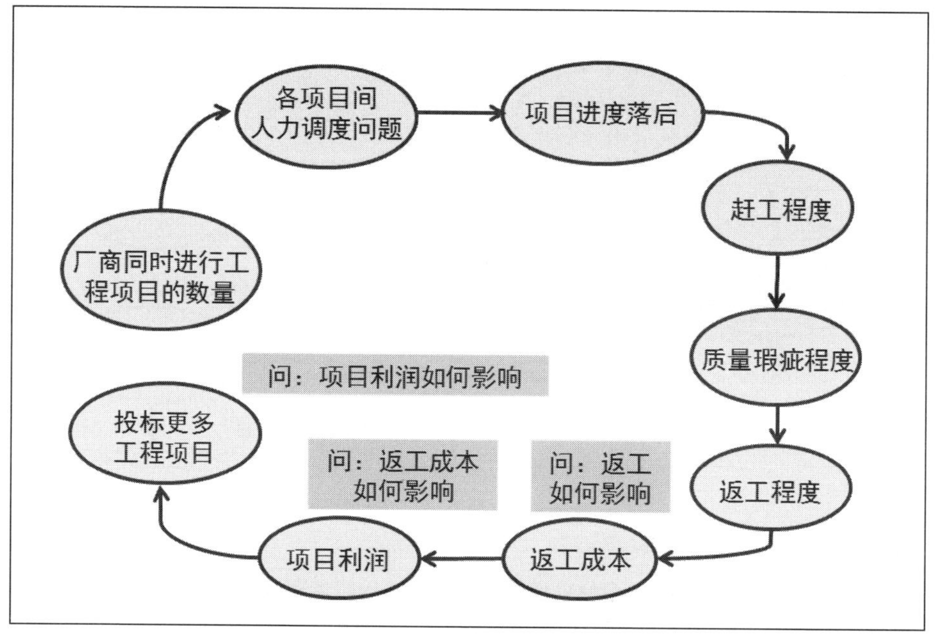

图 1.6　企业项目进度落后、项目质量瑕疵和项目利润问题

得标更多的工程项目会增加同时进行的工程项目数量，图 1.7 产生的恶性循环代表随着时间增加，项目发生赶工与返工的频率会越来越高。大家可以想想当我们通过系统思考看见问题的全貌，即工期影响质量、质量影响预算、预算影响工期，这时相关方的需求与要解决的问题难道会仅限于进度落后与进度管理吗?

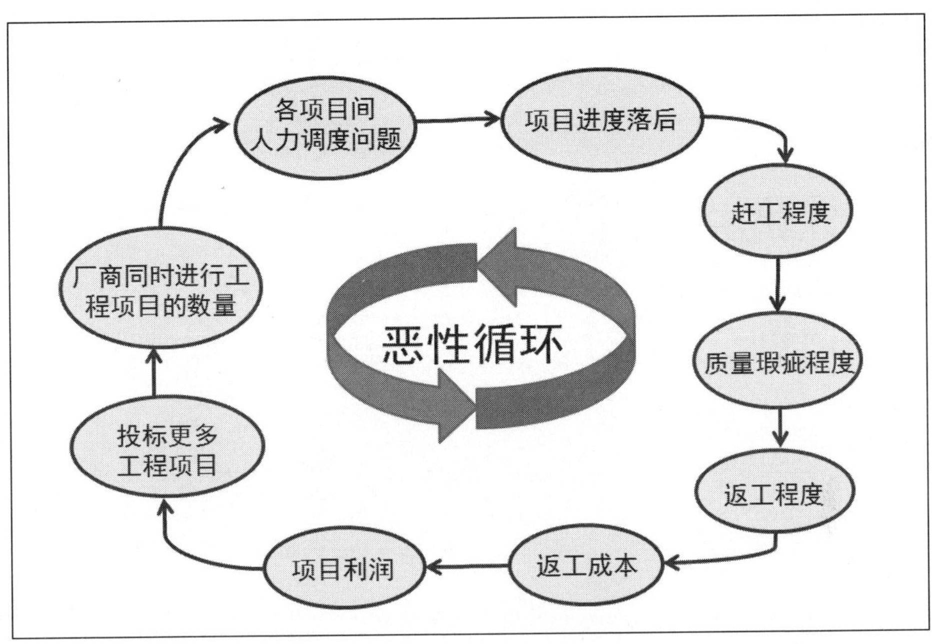

图 1.7　企业项目管理恶性循环问题

【决策痛点二】

如何确定合适的项目？

第 2 章

项目为何而做的系统思考与商业分析

颠覆型创新时代带来激烈的商业需求（Business Need）变化，这些商业需求的变化本质上源于社会需求的变化。商业需求的变化带来商业机会（Opportunity）或问题（Problem）的显现，随之而来的是各种各样解决方案（Solution）的出现。解决方案一旦通过组织授权立项，就成为我们所熟知的项目。

《商业分析实践指南》一书提及商业分析师应询问“我们要解决什么问题？”“客户所面临的问题是什么？”及“现在是解决该问题的好机会吗？”。由此可见问题解决是商业分析最重要的核心工作，问题解决也是项目管理的灵魂，不了解项目真正要为客户解决什么问题的项目经理就像行尸走肉一样，只是单纯执行项目的工作，所完成的项目最多达到按期、按质量、按预算、按范围的基本要求，不一定能超越相关方的期望。唯有项目的交付目标能切实解决客户与相关方的问题，才有机会超越他们的期望。

这样的例子很多，其中著名的来往软件就是一例。因为腾讯出现了微信，马云觉得恐慌，也想进军社交媒体，所以才推出“来往”。“朋友就是要来往”，这个是“来往”的宣传语，虽然阿里花了大量的人力和物力来开发“来往”，并且马云也邀请了很多大牌明星和商界大佬在上面带领用户一起玩，但“来往”既与熟人社交开始貌合神离，又与陌生人社交渐行渐远。可以说，根本就没有正视客户想要解决的问题，也没有形成与竞争对手有效的差异化优势，所以最终失败了。

本书针对问题解决与相关方所量身定做的系统思考方法称为八爪章鱼觅食术，以章鱼头绘制及爪子伸出抓食物与爪子将食物卷回口中来演绎问题的定义与从问题核心进行发散与收敛的分析动作，由于这样的设计方式不仅有趣好记而且容易学习应用，可以让商业分析师、产品经理、项目经理进行简单高效的问题解决分析与解决方案研拟，来提出适合的项目，做正确的事情（Do right things）。

以下就让我们好好来认识系统思考八爪章鱼觅食术！

系统思考问题解决高效方法——八爪章鱼觅食术

问题的定义——章鱼头的绘制

一般问题的定义如图 2.1 所示，由目标、现状与差距所组成。当目标与现状间发生差距时，可能意味着出现了问题。通常差距越大时，问题的严重程度也越高。举例如下，英文成绩现状为 70 分，自我要求的目标成绩为 100 分，此时目标与现状间发生了 30 分的差距，所以问题的定义即为英文不够好，如图 2.1 所示。

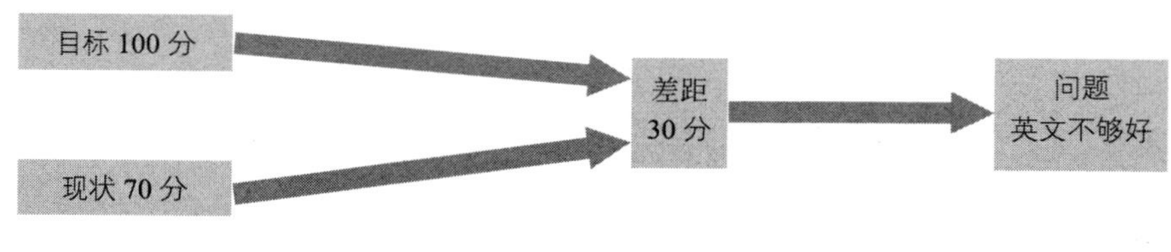

图 2.1　问题的定义

这时，我们便会采取相对应的措施或对策，希望借着措施或对策的作用或效果，来改变现状，以期缩小与目标的差距进而解决问题。上述问题定义的“目标”“现状”“差距”与采取的“措施（对策）”和其“效果（产出）”5 个名词即为章鱼头的核心结构，如图 2.2 所示。

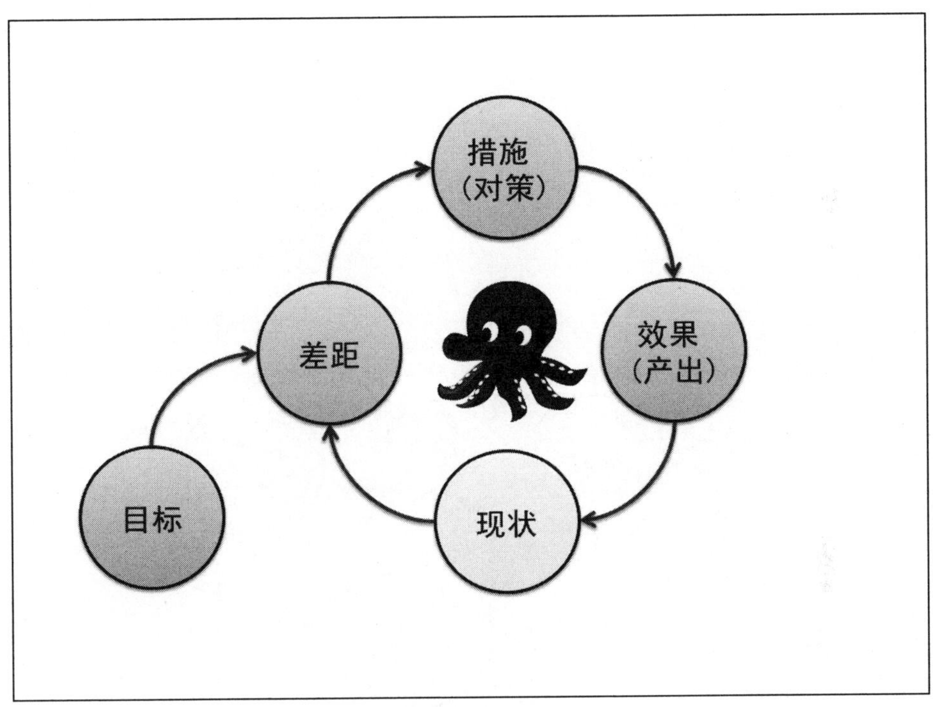

图 2.2　章鱼头的结构

章鱼头绘制需要遵循以下 4 个规则：

规则一：

箭头的连接线需解读成“影响”的意思，如图 2.3 所示。箭头两侧表示两个名词之间的因果互动关系，例如，效果→现状，代表效果（因）会影响现状（果）。影响方式有 4 种：效果越好则现状越好、效果越好则现状越差、效果越差则现状越好、效果越差则现状越差。

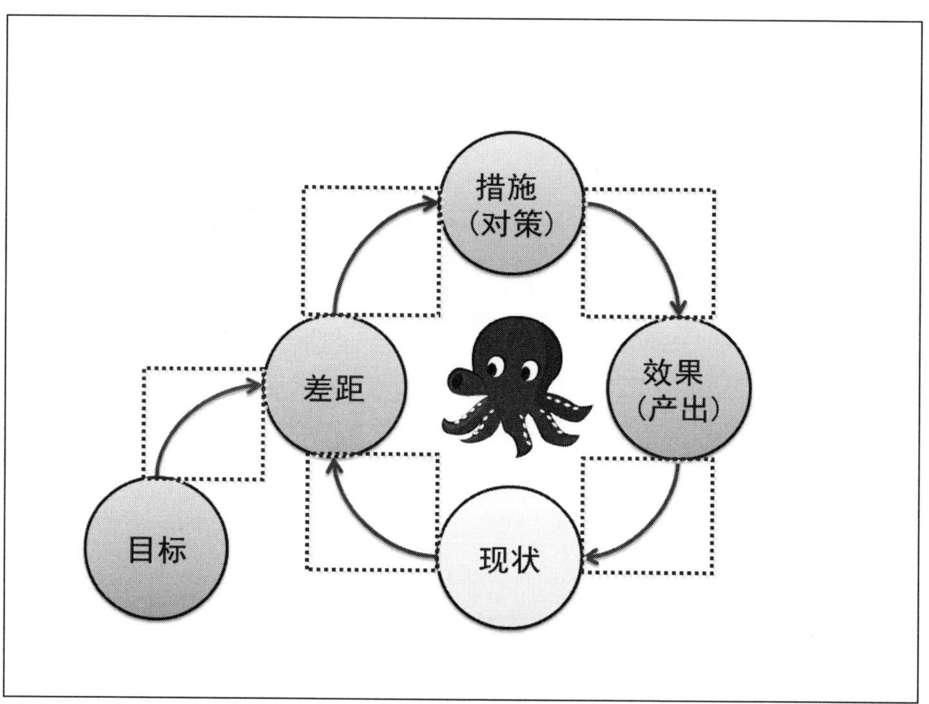

图 2.3　章鱼头绘制的规则一

规则二：

图形中的每一区块都只能放入一个“名词”，如图 2.4 所示。

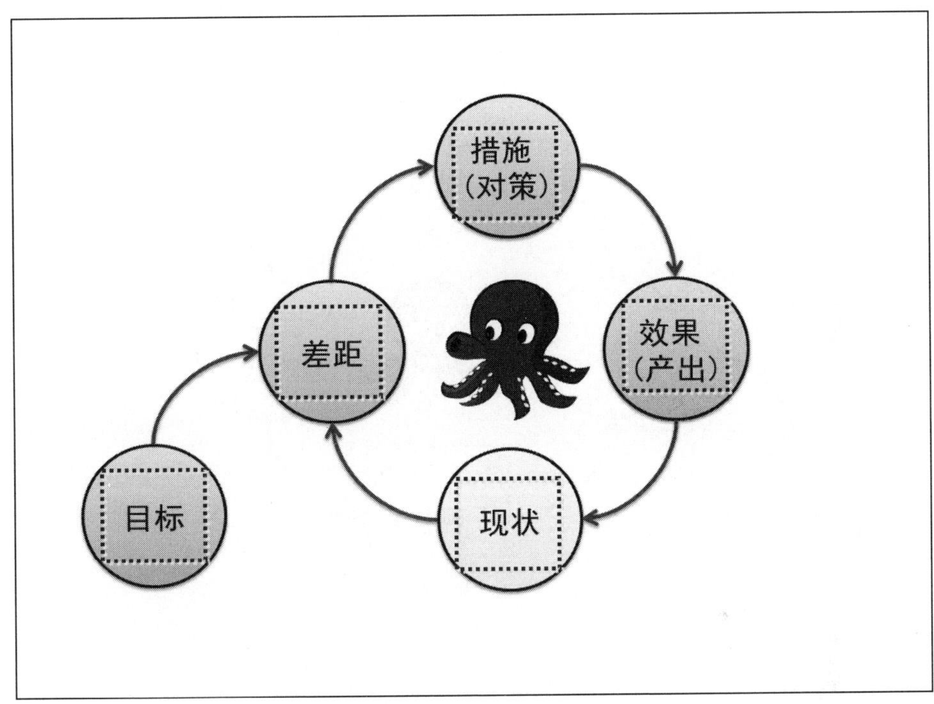

图 2.4　章鱼头绘制的规则二

规则三：

“现状”必须是会随时间累积增加或减少的东西，如图 2.5 所示。

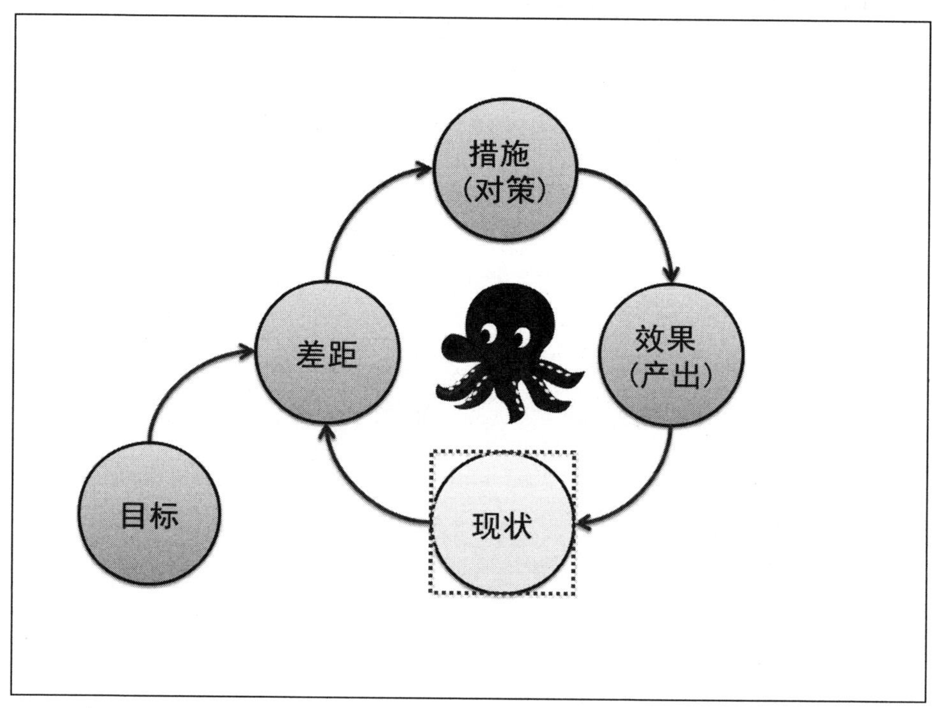

图 2.5　章鱼头绘制的规则三

规则四：

“现状”与“目标”区块中的名词，必须可以用同一种单位来衡量，以利于具体反映差距，如图 2.6 所示。

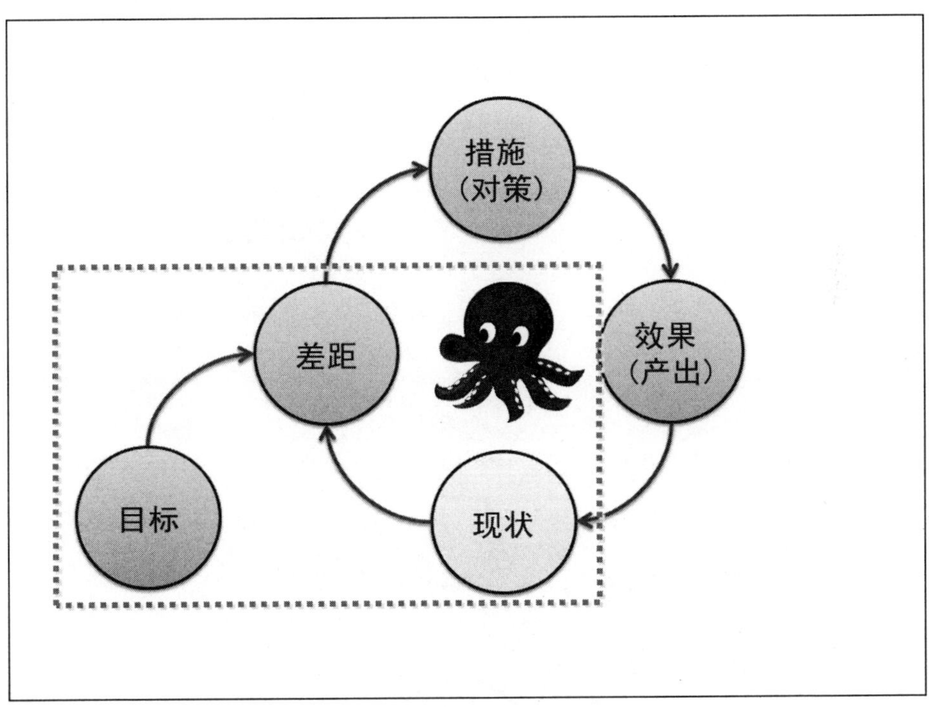

图 2.6　章鱼头绘制的规则四

问题的发散思考——伸出八爪觅食

当章鱼头绘制完成后，接着再由章鱼头上的组成名词（如目标、现状、差距、对策、产出）进行问题的发散思考（模拟为章鱼伸出爪子抓食物）。例如，采取的对策行动是否有其后遗症及后遗症会影响哪些相关方、差距没变小会如何及差距没变小会影响哪些相关方，如图 2.7 所示。

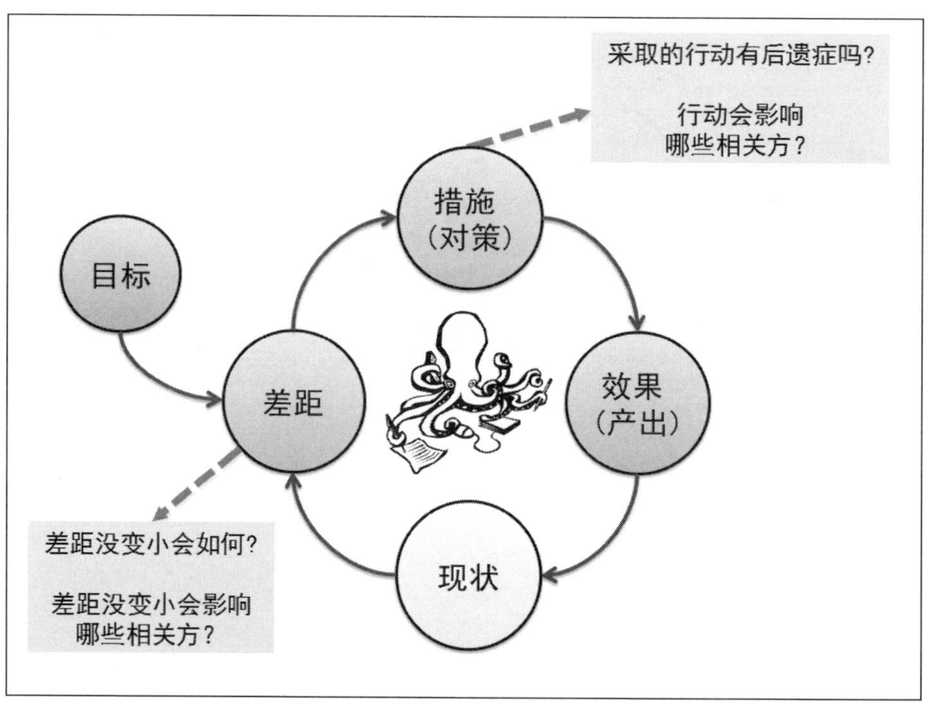

图 2.7　问题的发散思考——伸出八爪觅食

问题的收敛思考——将食物卷回口中

发散思考之后再进行收敛思考（模拟为章鱼爪子抓到食物后再将其卷回至章鱼嘴中）。例如，后遗症所影响的相关方会不会一段时间后再影响到我们的问题，差距没变小所影响的相关方会不会一段时间后再影响到我们的问题，如图 2.8 所示。

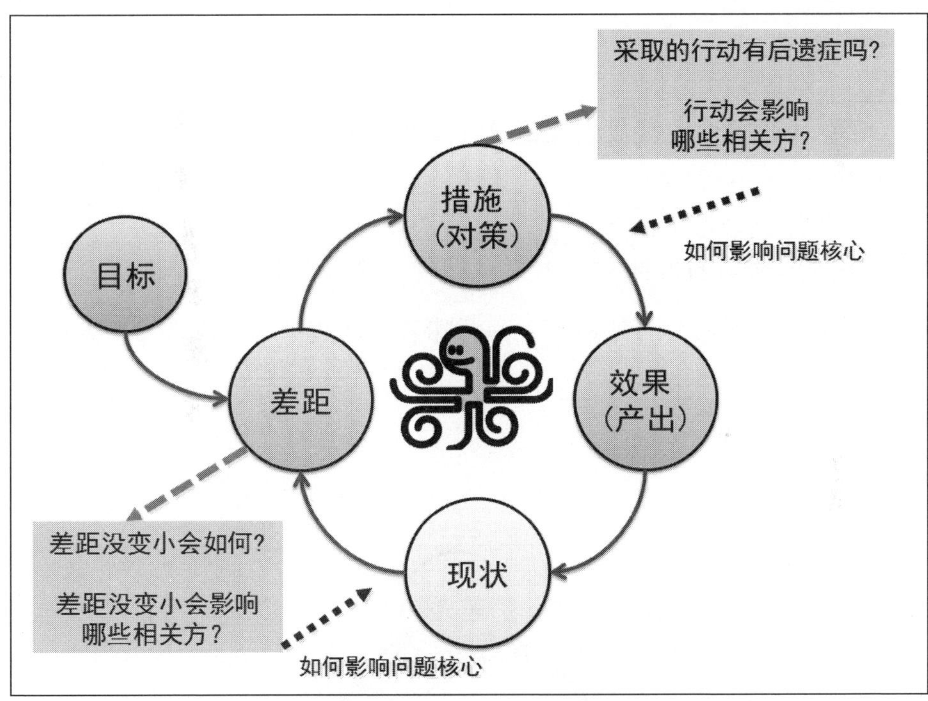

图 2.8　问题的收敛思考——将食物卷回口中

企业问题解决决策分析案例解说

以下我们用两个企业决策的案例，来让大家迅速了解如何运用系统思考八爪章鱼觅食术来有效进行问题解决分析。

【企业决策案例一 企业裁员】

企业裁员案例改编自本书作者杨朝仲在《项目经理》杂志所发表的专栏文章。

请各位想想企业裁员的决策是让问题减轻还是让问题更严重?

企业均将利润视为运营过程中最重要的绩效指标，一旦当下的利润无法达到预期的目标利润水平，即视为企业的运营出了问题。当下的利润越低，则两者的差距越大，意味着问题越严重，如图 2.9 所示。

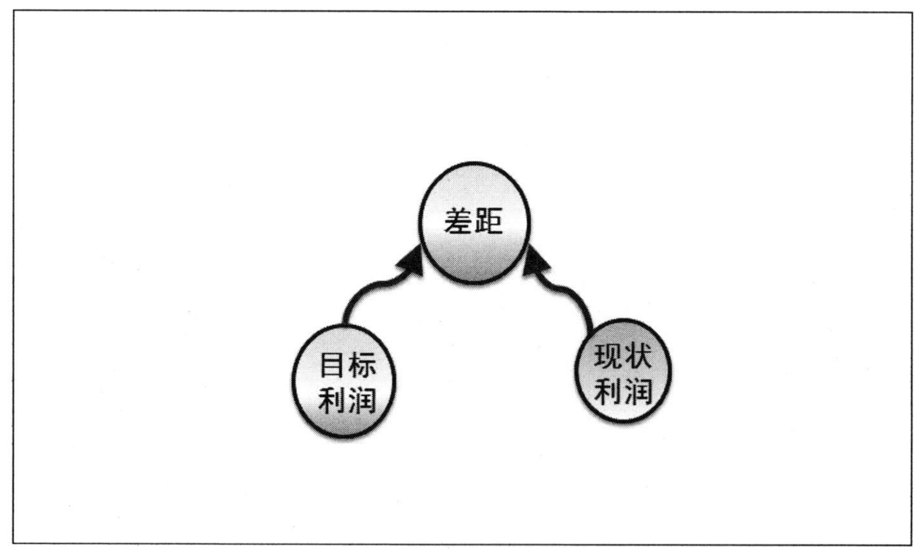

图 2.9 企业裁员问题——目标、现状与差距

当遭遇此利润差距时，企业通常喜欢采用裁员的对策来解决问题，如图 2.10 所示。

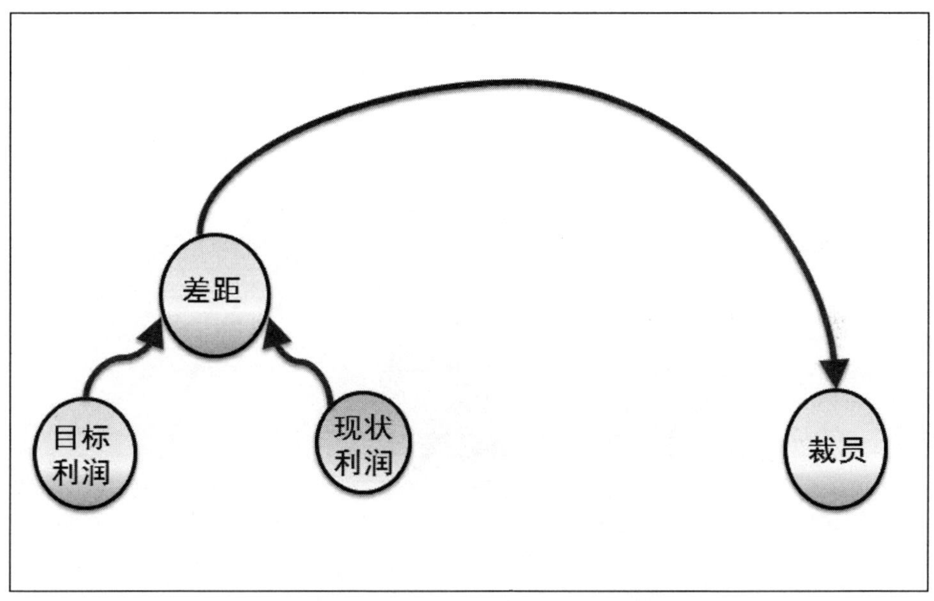

图 2.10　企业裁员问题——目标、现状、差距与对策

由于裁员可以直接节省企业人事成本，所以裁员的数量越多，企业负担的人事成本就越少。一旦企业负担的人事成本减轻，下一时期的企业利润就会提高，如图 2.11 所示。

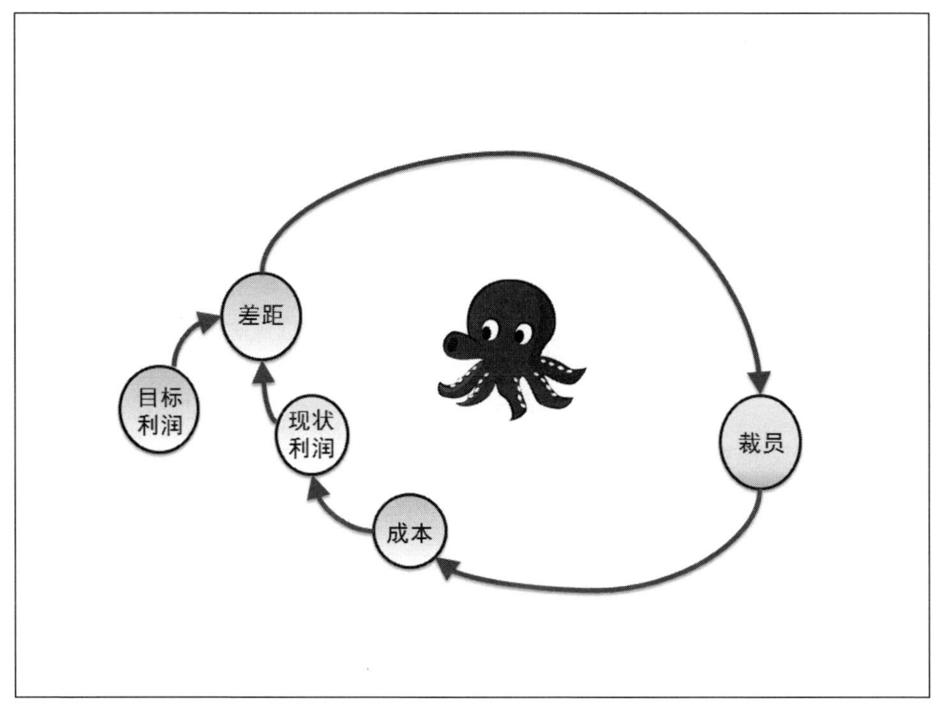

图 2.11　企业裁员问题——章鱼头绘制

因为实行裁员的策略，所以利润会随着时间越来越趋近于目标利润的水平，如图 2.12 所示。

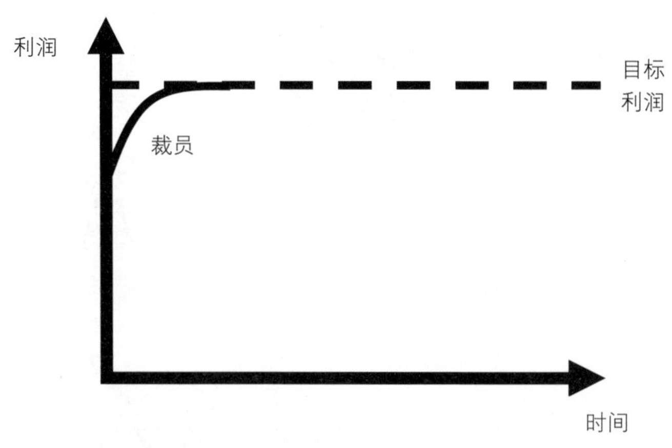

图 2.12　企业裁员问题——现状利润趋近目标

直觉上，裁员似乎可以解决迫在眉睫的利润不佳问题，但是利润不佳的问题是否就从此不会发生了吗?且让我们看看裁员之后的故事发展。不定期及无预期的裁员行动，将会造成办公室人心惶惶，进而打击员工的士气。裁员的数量越多，员工的士气就越低，如图 2.13 所示。

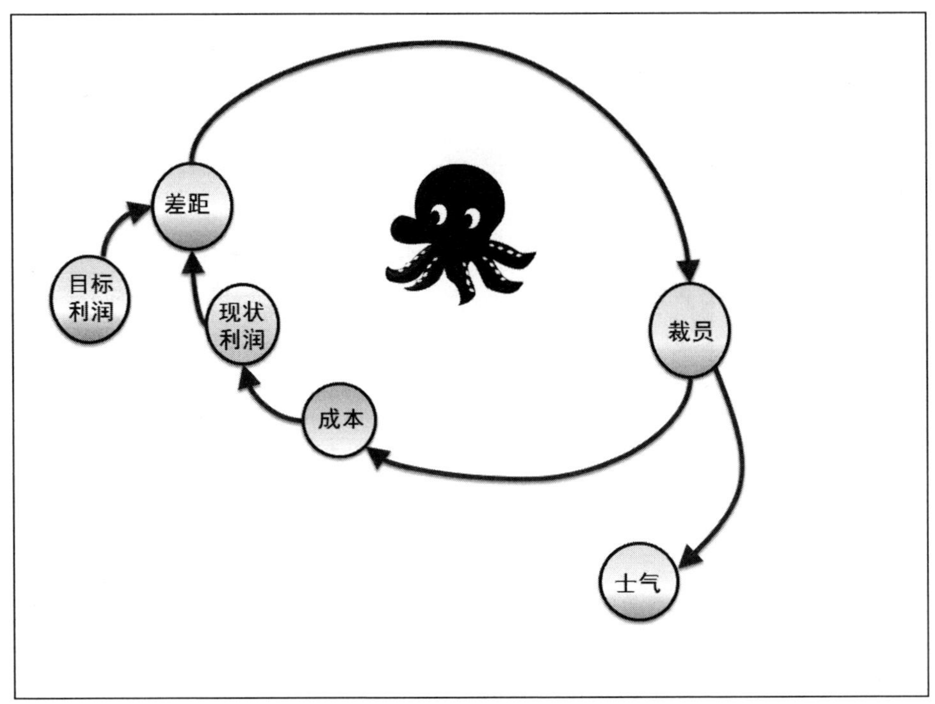

图 2.13　企业裁员问题——伸出八爪觅食（一）

士气低迷的现象如果持续了一段时间之后，许多员工上班时，就会开始将注意力放在工作以外的事情。例如，业务人员出外跑业务时，他与客户洽谈的内容可能是跳槽而非生意；行政人员的计算机屏幕也有可能经常出现招聘网站，而非行政工作流程的页面。这些行为都会严重冲击员工的生产力，只是因为士气影响生产力有时间延滞，不会立即反应出来。此外，士气越低，生产力越低，如图 2.14 所示。

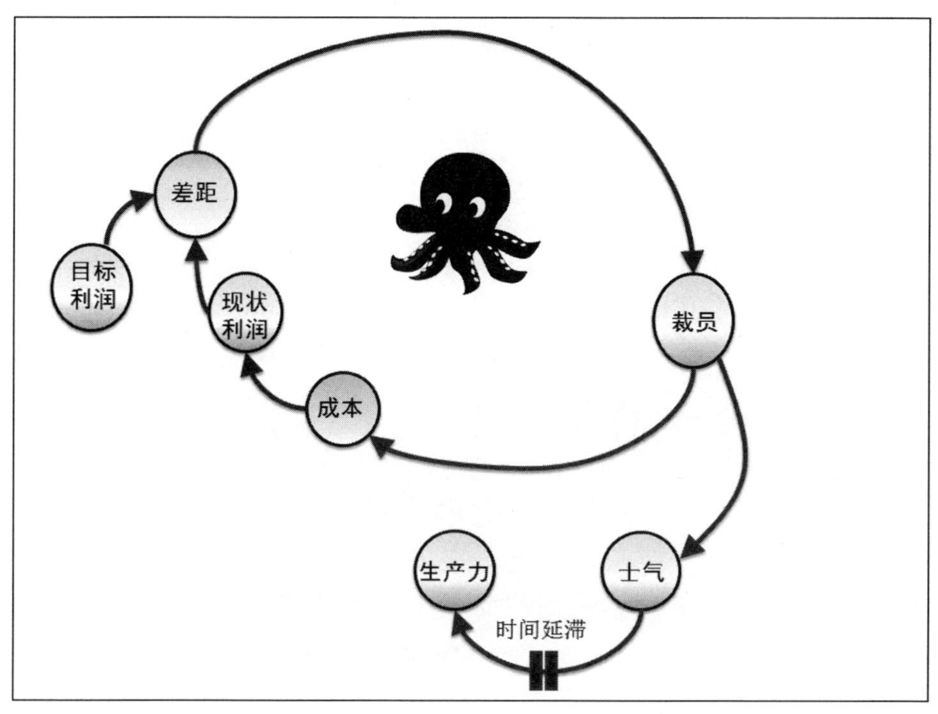

图 2.14 企业裁员问题——伸出八爪觅食（二）

当生产力越低时，工作完成的时数就会增长，工作时数增长就会导致许多不必要的成本发生（如加班、赶工等费用）。所以，生产力越低，企业负担的成本就会越多，如图 2.15 所示。

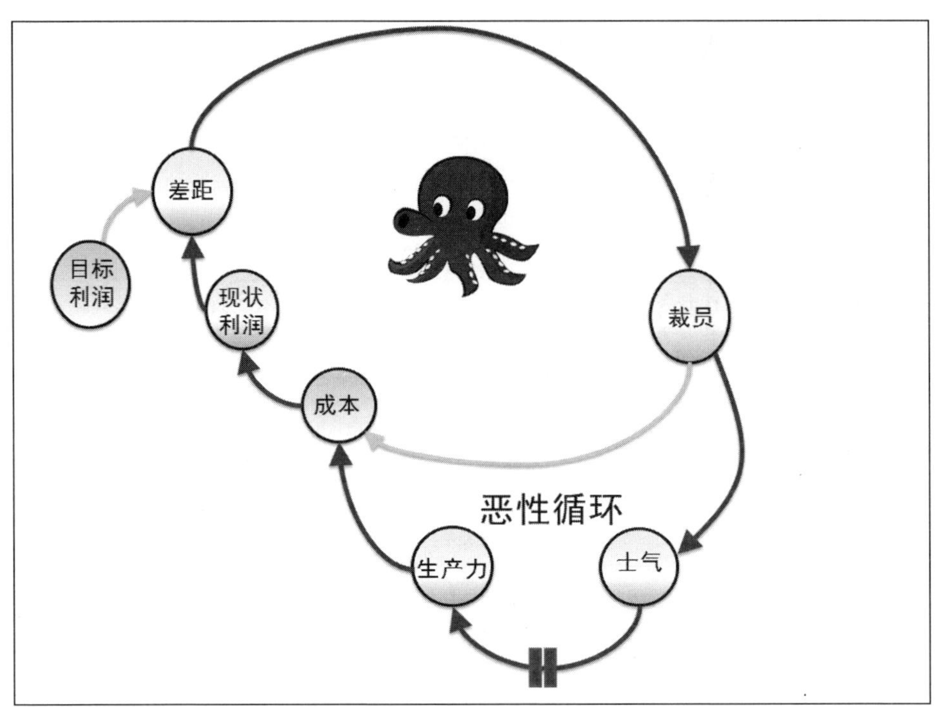

图 2.15　企业裁员问题——将食物卷回口中

裁员影响员工士气，低迷的士气持续了一段时间后，将导致生产力降低的后遗症，进而冲击成本，后遗症使得原先因裁员所提升的利润面临后续持续降低的命运，让利润更加远离目标利润的水平，如图 2.16 所示。

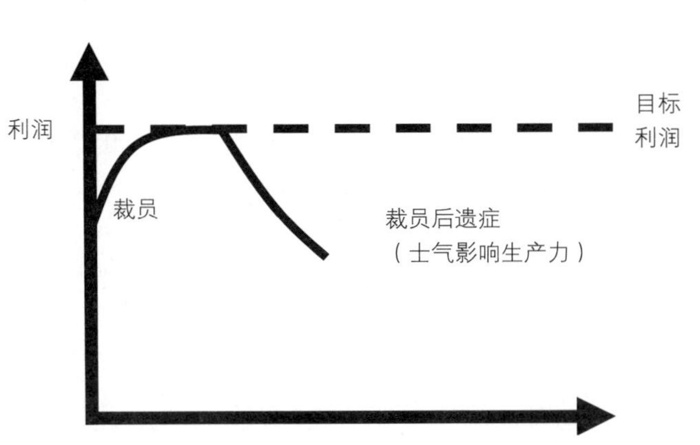

图 2.16　企业裁员问题——裁员后遗症

由于对策产生了后遗症，使得原先欲矫正的情况更加恶化，企业领导再次面临利润衰退的窘境。此时领导又再度采用裁员的对策来解决问题，虽然利润迅速获得改善，但是一段时间后，再度采用裁员的对策又带来了严重的后遗症，此时领导会更加依赖这类对策，而导致无法自拔，让利润的问题随着时间的推移，成为一个趋势发展向下的可怕的恶性循环，如图 2.15 与图 2.17 所示。

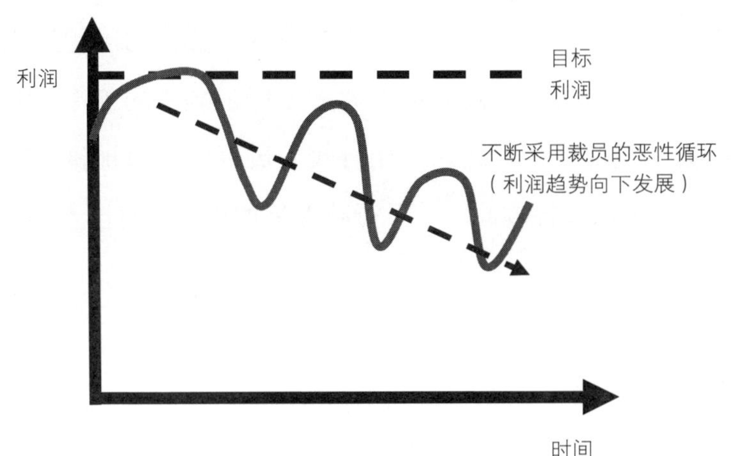

图 2.17　企业裁员问题——裁员恶性循环

这种情形就如同每次感冒时，均仰赖吃感冒药来对抗病毒，长此以往，身体的抗药性将会越来越强而身体的抵抗力也会越来越弱，抵抗力的下降会导致身体更容易被病毒所感染。所以，裁员这种直觉式的应对措施，在考虑时间的效应下，究竟是让问题减轻还是让问题更严重？这点值得企业领导好好地反思。

借由八爪章鱼觅食术看清了裁员的后遗症与恶性循环，接着就是商业分析最重要的一环——制订解决方案。裁员虽无法避免，但是为了防止团队工作士气受到打击而诱发一连串的后遗症，可以于裁员后的第一时间向员工说明至少半年内不会再有裁员的动作，但是这样的行动只能治标，只是将后遗症发生的时间往后延，其目的是替治本的策略争取更多的时间。业绩提升方是治本的方向，所以此时可将裁员节省下来的钱提出一部分用来执行业绩提升的方案。如设计一个业务人员团体竞赛项目并提供丰厚的绩效奖金让业务人员更卖力地去争取客户，并且为了让业务人员能努力地跑业务，业务人员原先负责的相关行政工作（如新客户数据建文件、旧客户电话关心与问题解决等）则分配给公司行政人员。行政人员因为多负担了额外的工作，需要加班的时间也会比平常多，因此除了让行政人员可以提报加班的时数额度增加之外，也要适度提高此一阶段行政人员加班的单价。

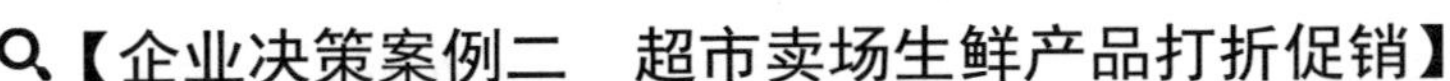

【企业决策案例二　超市卖场生鲜产品打折促销】

请各位想想打折促销的决策是让问题减轻还是让问题更严重?

大型超市或卖场经常采用生鲜产品打折促销的决策来吸引人潮提高营业额，然而这样的做法如果没有经过“系统思考”淬炼就直接执行，就有可能发生饮鸩止渴的不良效应。我们假设有一家大型超市或卖场其现况营业额为 1000 万元，为了达成营业额 1500 万元的目标，而启动生鲜产品打折促销的对策。一旦生鲜产品的打折幅度增大，则生鲜产品热卖的程度就有可能越高，生鲜产品越热卖，则营业额增加量就越多，营业额增加量会立即提升现况的营业额，如图 2.18 所示。

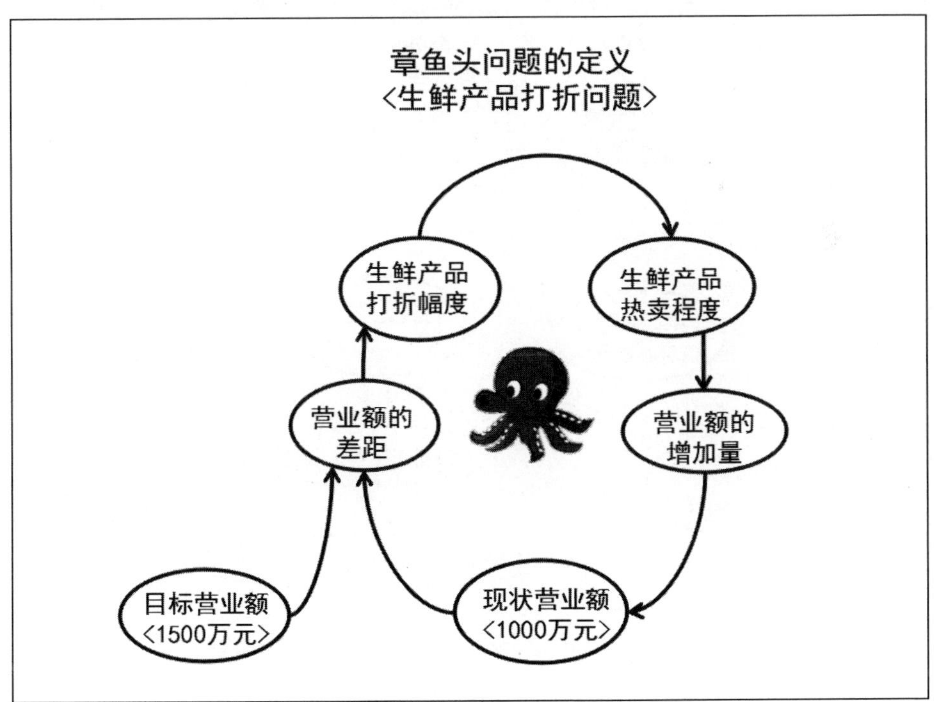

图 2.18　生鲜产品打折促销问题——章鱼头绘制

如同案例一的分析，直觉上，产品打折促销似乎可以让当下营业额有效提升，但是营业额无法达成目标的问题是否就解决了?且让我们看看产品打折促销之后的故事发展。生鲜产品的打折幅度越大，则吸引而来的顾客数量就有可能越多，卖场短时间涌入大量顾客就容易造成顾客排队等待结账的时间变久，过久的排队等待会提高顾客不满的情绪，顾客情绪不满的程度太高会造成顾客不愿意下次再来卖场消费，一旦旧顾客不愿再来消费，则后续营业额减少量就会提升，营业额减少量的产生会降低现况的营业额，如图 2.19 所示。

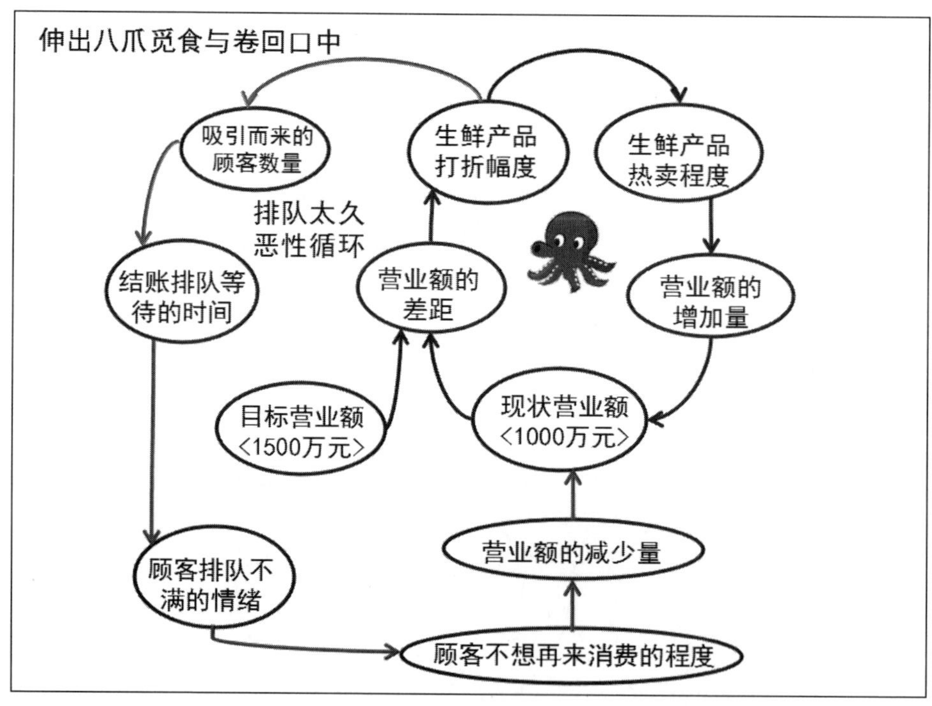

图 2.19　生鲜产品打折促销问题——章鱼伸出八爪觅食绘制（一）

另一方面，生鲜产品越热卖则产品来不及补货的程度就越高，来不及补货会造成顾客买不到打折产品，顾客买不到打折产品的概率越高则顾客不满的情绪也会提高，顾客情绪不满的程度太高会造成顾客不愿意下次再来卖场消费，一旦旧顾客不愿再来消费，则后续营业额减少量就会提升，营业额减少量的产生会降低现况的营业额，如图2.20所示。

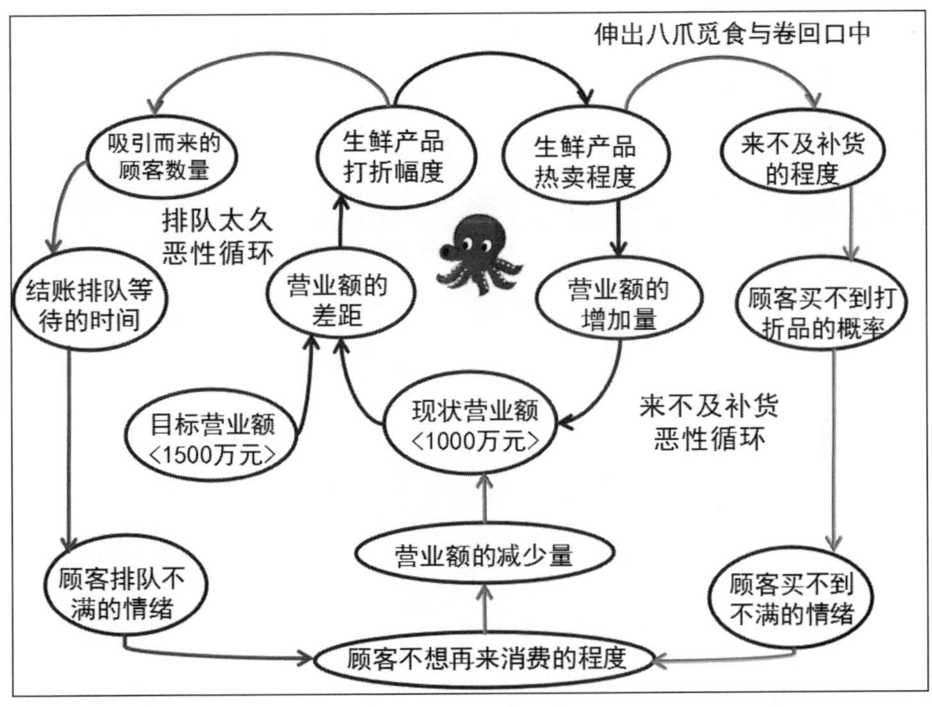

图 2.20 生鲜产品打折促销问题——章鱼伸出八爪觅食绘制（二）

图 2.20 让我们看清了排队太久与来不及补货两个恶性循环，接着就能拟订其相应的配套措施。在排队太久方面，我们可以增加卖场排队动线引导人员与增设结账柜台。在来不及补货方面，我们可以针对买不到生鲜产品的顾客发送其他产品折价卷或增加其他供货商渠道。

系统思考八爪章鱼觅食术除了能应用在企业决策有效拟定，也很适合运用在物联网与互联网的商业分析。所以，本章接着用两个案例来介绍如何运用系统思考八爪章鱼觅食术进行物联网与互联网金融简单高效的项目拟订的问题解决商业分析（两个案例改编自本书作者杨朝仲在《项目经理》杂志所发表的专栏文章）。

物联网的系统思考商业分析

参考八爪章鱼觅食术的架构来设计以下 4 个步骤，使得物联网的系统思考商业分析能简单高效进行。

步骤 1：描述问题、定义问题

步骤 2：问题解决相关对策提出

步骤 3：策略后遗症分析

步骤 4：后遗症配套措施研拟

接着我们以“停车位设置传感器及连网设施,侦测是否有车位”来解决“都市中找停车位难”的问题来说明上述 4 个步骤的应用。

步骤一：描述问题、定义问题

大都市中找停车位通常会花上许多时间，如何让驾驶员能更快找到停车位，解决困难的问题，便是物联网应用的重要商机所在。借由现状（经常花 30 分钟找车位）、目标（希望 5 分钟就能找到车位）、差距（现况和目标有 25 分钟的差距）3 个名词来具体定义问题，如图 2.21 所示。

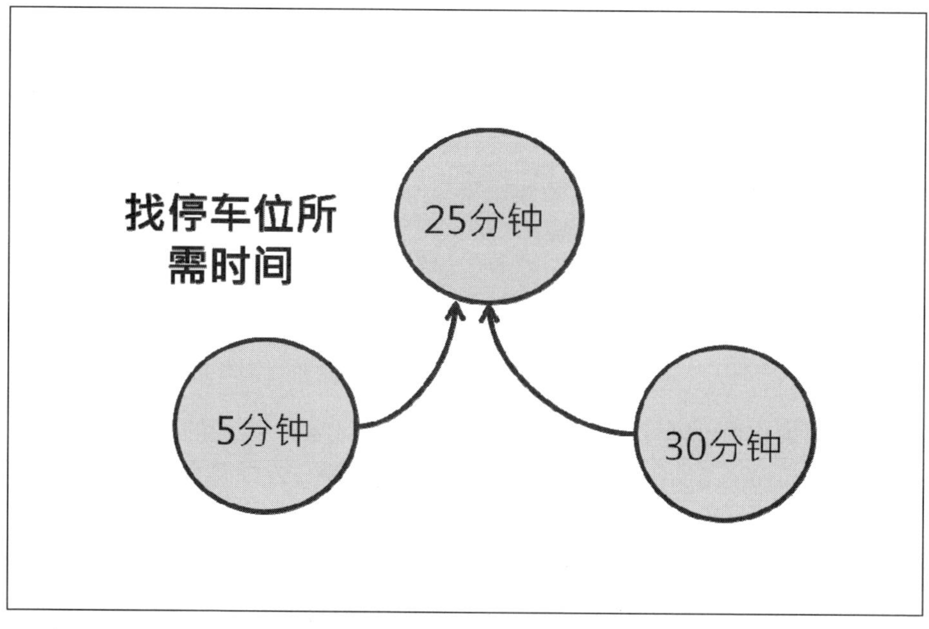

图 2.21　停车物联网问题——问题的定义

步骤二：问题解决相关对策提出（章鱼头）

针对差距提出如下的物联网应对策施，并绘制章鱼头，如图 2.22 所示。

（1）停车位设置传感器及连网设施，侦测是否有车，实时将都市中每一个停车位信息回传云端主机。

（2）主机分析车主与其附近空间中空车位信息，回传给车主空车位情报。

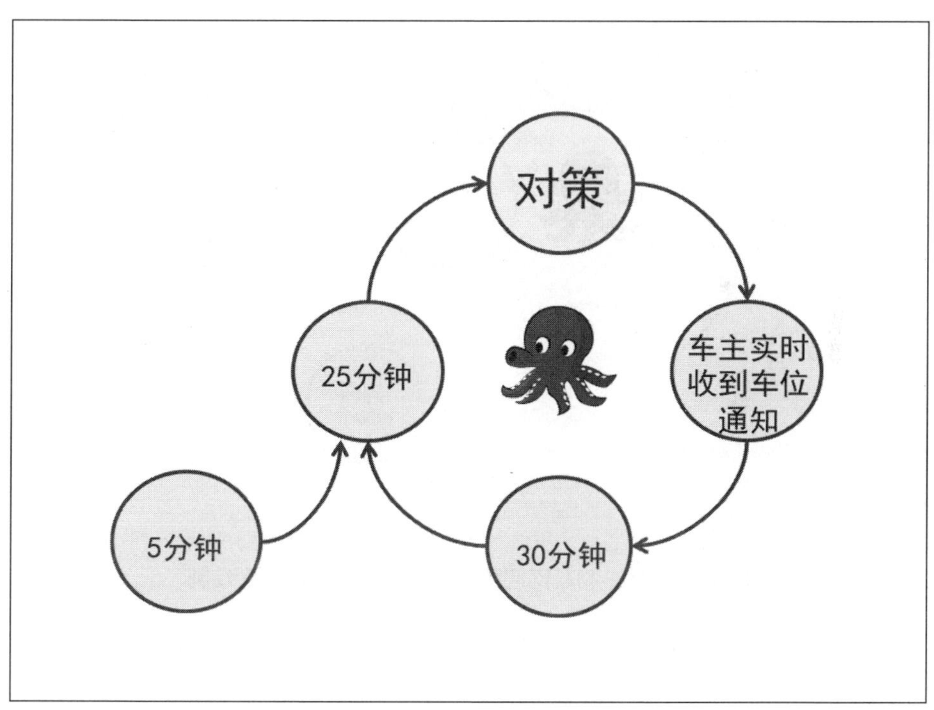

图 2.22　停车物联网问题——章鱼头绘制

步骤三：策略后遗症分析（伸出八爪觅食与卷回口中）

接着分析应用物联网对策是否会有后遗症，如同时有多台车子都收到空位信息，造成多台车子前往同一个空位，导致更不容易停车，浪费更多时间停车。此步骤就是章鱼伸出八爪觅食与卷回口中的动作，如图 2.23 所示。

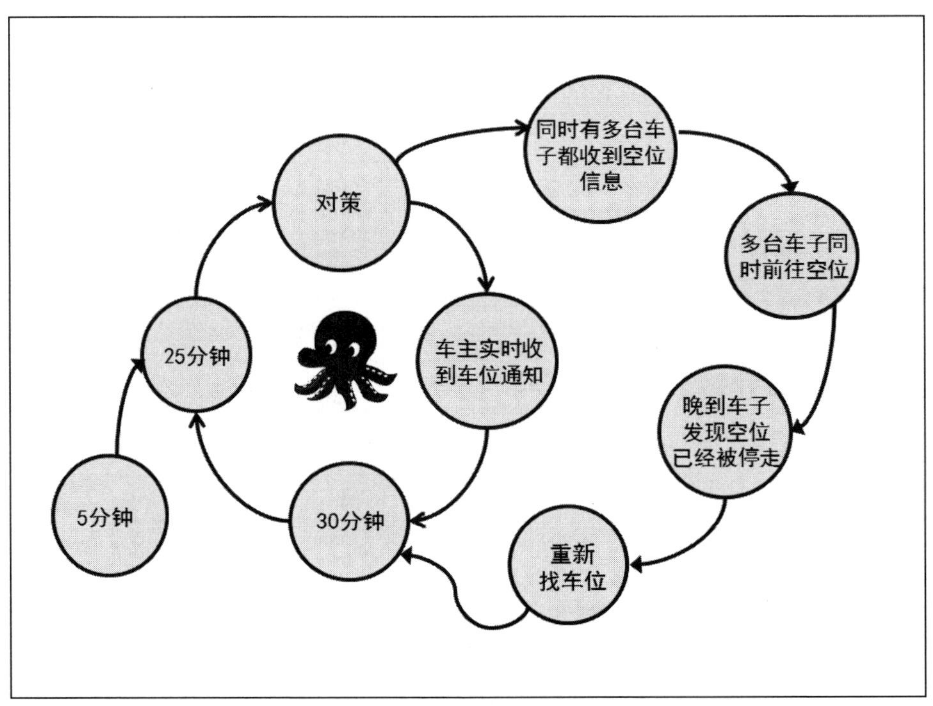

图 2.23　停车物联网问题——章鱼伸出八爪觅食绘制

步骤四：后遗症配套措施研拟

最后提出后遗症的配套措施，如表 2.1 所示。“配套”这两个字大家常常看到，也常常用到，但各位可曾想过如何才能设计出真正有用，而非交差了事或是应付一时的“配套”？如果一个人在设计配套的时候，既没有看清楚问题全貌，也没有找出问题本身与解决方案之间的因果关系，你觉得他能够设计出真正有用的配套吗？通常商业盈利模式就会出现在配套措施，如导入付费模式，先通知付费者。考虑配套，项目就会拟定为物联网停车信息分级通知系统研发项目，如表 2.1 所示。

表 2.1　配套措施与项目研拟表

项目形成	物联网停车信息分级通知系统研发项目
影响（后遗症）	车位少车子多的情况，同时有多台车子都收到空位信息前往同一空位
配套措施（商业获利模式）	导入信息分级通知付费模式

互联网金融的系统思考商业分析

蚂蚁金服前身支付宝只是淘宝的财务工具，初衷是解决电商中的信用问题。但现在，支付宝已经从财务工具演化为一种生态系统：它从在线交易的支付渠道角色，变成各种应用场景的广泛吸纳者。它不仅从支付出发（支付宝钱包），随后还从理财出发（给用户提供理财产品，如余额宝、招财宝），从融资出发（给小商家提供小贷型融资，如蚂蚁小贷和网商银行），以及从数据出发（将为社会提供征信等数据服务，如未来的芝麻信用）。蚂蚁金服的出现，迫使银行业不得不改变它们的产品类别和形态。这就是为何《商业分析实践指南》中最重要的核心工作就是“确定问题和识别商业需要”。在余额宝出现之前，理财往往只属于有钱人的专利，银行的理财产品通常设有 5 万人民币存款以上的限制，存款不丰的民众往往只能“望柜兴叹”。这个商业需要被发掘后，支付宝与天弘基金合作开发了“余额宝”产品，这立刻成为中国互联网金融的里程碑事件。马云更是说出了“如果银行不改变，我们就改变银行”的豪言壮语。上述蚂蚁金服余额宝、招财宝的系统思考章鱼头如图 2.24 所示。

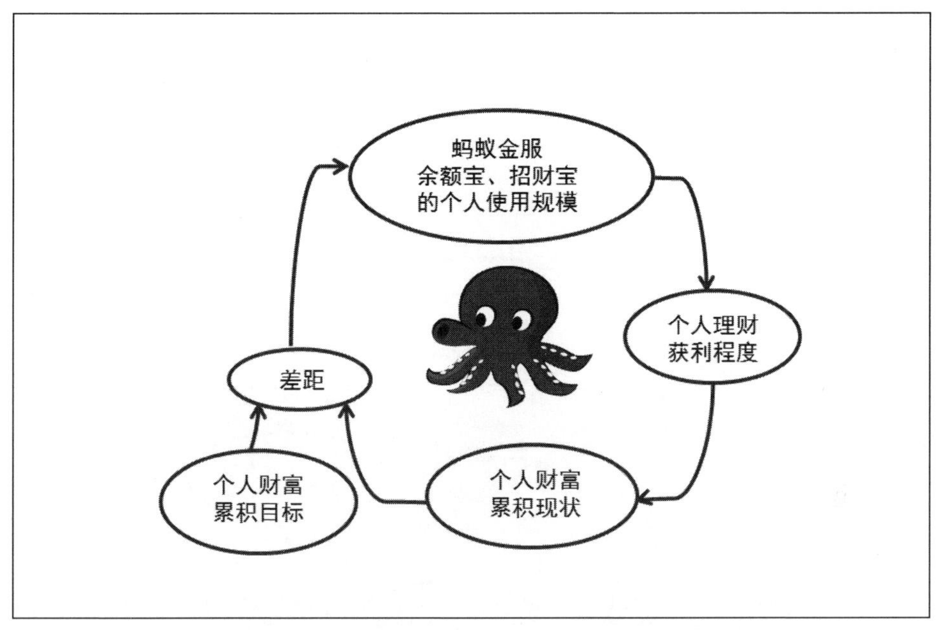

图 2.24　蚂蚁金服余额宝、招财宝的章鱼头

蚂蚁金服所看重的支付宝钱包，目前用户近 1.9 亿。从某种意义上说，一二线城市居民使用支付宝钱包已经较为普及，蚂蚁金服的重点是推广三四线城市及农村市场，让更多的人口加入移动支付场景。再加上每年过年的春运，各种大众交通工具上的扒手是严重问题，由于 ATM 在很多偏远地区并不普及，因此到外地打工的民工，不管回不回乡，如何把钱带回去是个大问题。有鉴于此，蚂蚁金服快速地与三四线城市和农村的金融机构联通，打开支付宝钱包更为广大的市场。目前蚂蚁金服已经与 2300 多家农村金融机构联通，一方面，为农村用户开通在线支付信道，方便他们在线上、线下购买生活、农资用品的支付需求;另一方面，对接金融机构和农户，为农户提供消费、农资购买等信贷需求。正如一位业界人士所说，蚂蚁金服的做法使得“农村市场

可以从互联网支付直接跳到移动互联网支付”。上述蚂蚁金服支付宝的系统思考章鱼头如图 2.25 所示。

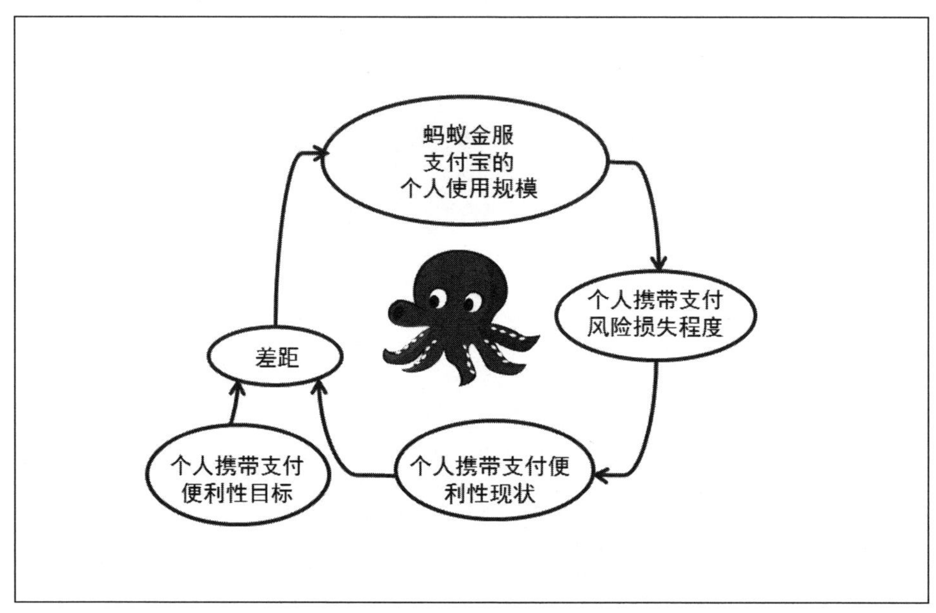

图 2.25　蚂蚁金服支付宝的章鱼头

正因为蚂蚁金服在与 2300 多家农村金融机构联通看到了巨大的商机，导致阿里高层坚定了战略的方向，决定更全方位地挖掘这个商业需求。2014 年 10 月，阿里巴巴集团宣布，将启动千县万村计划，即在未来 3~5 年内，投资 100 亿人民币，建立 1000 个县级运营中心和 10 万个村级服务站，将其电子商务的网络覆盖到全国三分之一强的县及六分之一的农村地区。阿里集团电商业务在农村的扩张，跟蚂蚁金服“向下”的扩张是“同步、同构”的。

最近令业界震动的是，蚂蚁金服要推出“芝麻信用”这一征信项目产品，即根据商户和消费者在阿里系统里面的事务数据，进行个人信用评级，像美国的 FICO 一样，成为全社会的基础信用提供者。要知道，在中国，信用记录的缺失被认为是无法进行精细风险定价的关键。能被全社会认可的征信，被认为是整个金融行业的“制高点”。上述蚂蚁金服余额宝、招财宝、支付宝、芝麻信用系统思考八爪觅食与卷回口中如图 2.26 所示。

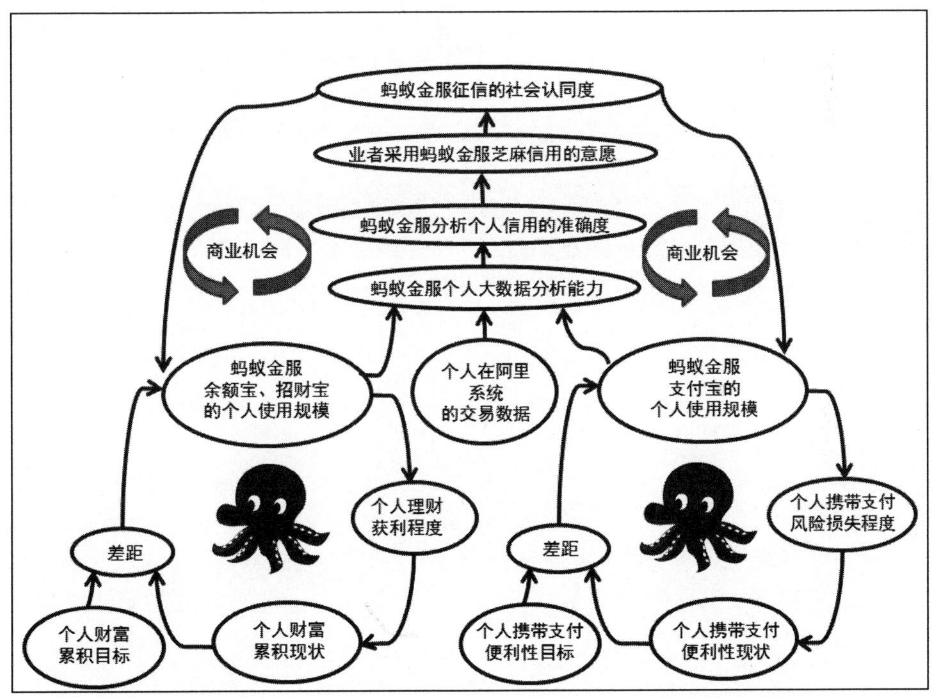

图 2.26　蚂蚁金服余额宝、招财宝、支付宝、芝麻信用的八爪觅食与卷回口中

学习系统思考八爪章鱼觅食术能让商业分析师与项目经理更容易看到问题的全貌，让眼睛看到的事物，从视线变远见，高效拟出满足相关方期望的项目。

【决策痛点三】

如何摆脱项目经常加班与返工？

第 3 章

项目如何去做的系统思考与项目管理

项目按期按质量按预算的系统思考

由于项目的本质就是系统，所以系统会有的见山非山、牵一发动全身、后遗症等特性，在项目管理中都有可能出现。如果发生项目管理的问题时，不以系统思考的方式来处理，就很容易在解决项目管理问题时陷入治标不治本的窘境，甚至产生恶性循环。例如，项目按期、按质量、按预算相互间就是具有上述的系统特性，以下我们运用“八爪章鱼觅食术”来进行按期、按质量、按预算的系统思考分析。项目进度落后时，通常会采取加班赶工的对策来加快项目进度，以达到项目按期的要求，我们可以用章鱼头来展现项目管理按期问题的解决逻辑，如图 3.1 所示。

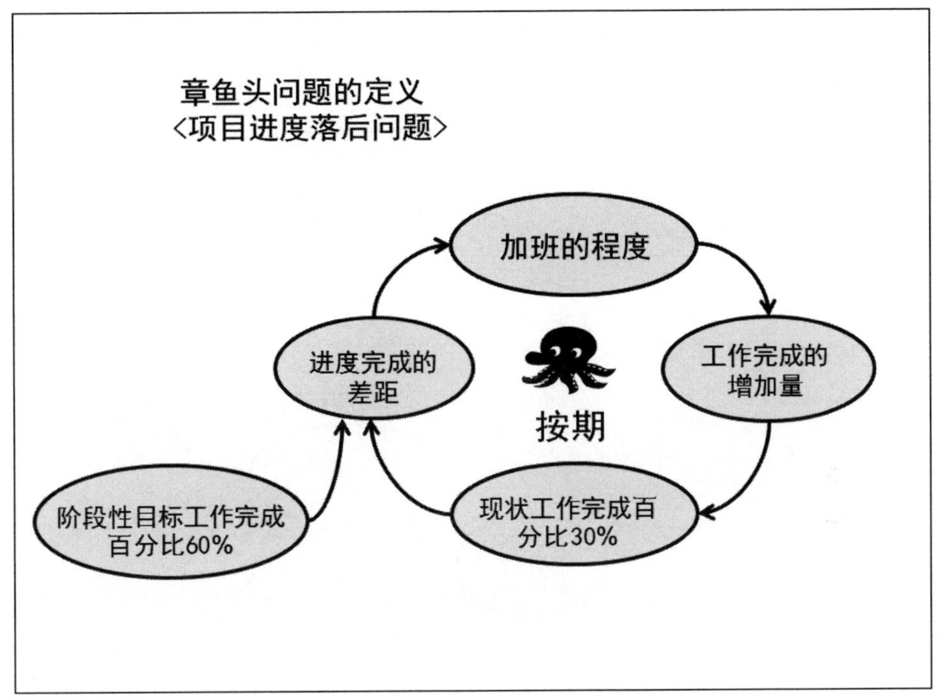

图 3.1　项目管理按期的系统思考

接下来我们思考加班对策会有什么后遗症，一旦加班持续时间过久，可能会使项目成员产生过度疲惫，导致不断做错，使完成的任务不良率提升。项目质量不合要求需要进行返工（项目按质量的对策），返工的工作量会使下阶段项目工作进度继续落后，影响整个项目进程的绩效，甚至加重原先加班的时间，形成一个按期影响按质量的恶性循环。我们可以用伸出八爪觅食与卷回口中来展现项目管理按期影响按质量的恶性循环，如图 3.2 所示。

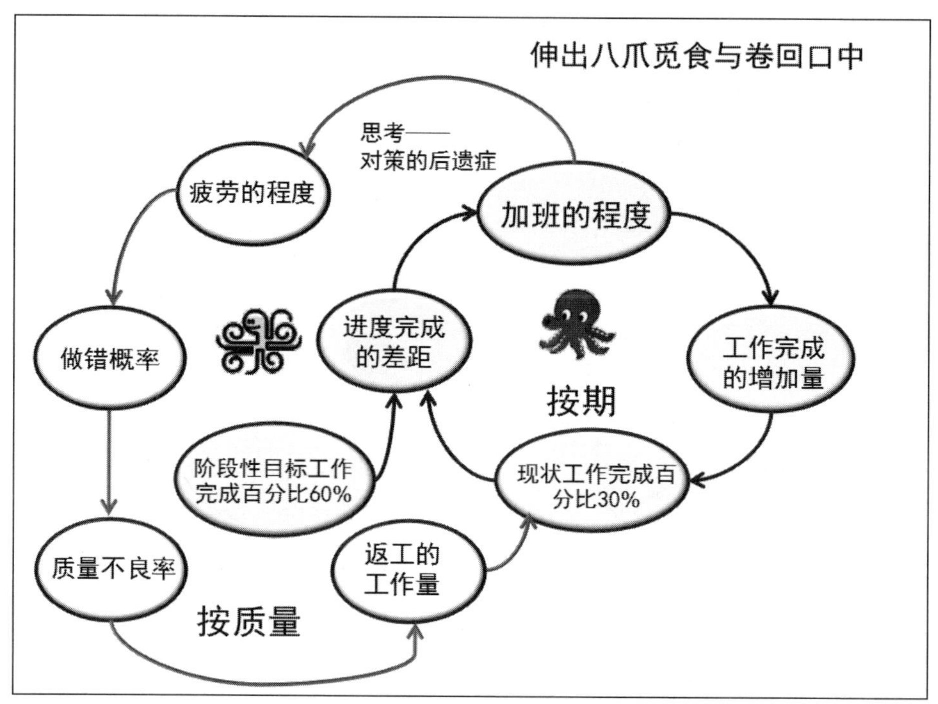

图 3.2　项目管理按期影响按质量的系统思考

此外，大量的加班会增加许多额外费用开销，为避免经费超支发生而采用裁减项目人员（项目按预算的对策），裁员将增加既有项目成员的工作量，额外的工作量会影响既有项目的完成进度。我们可以用伸出八爪觅食与卷回口中来展现项目管理按期影响按预算的恶性循环，如图 3.3 所示。看见问题后遗症就能容易拟订相应的配套对策，短期对策可以把非重要性或技术性工作委托实习生或外包第三方执行，防止加班造成裁员返工的后遗症。中长期对策则是量身订做员工项目管理教育训练与导入项目管理流程。

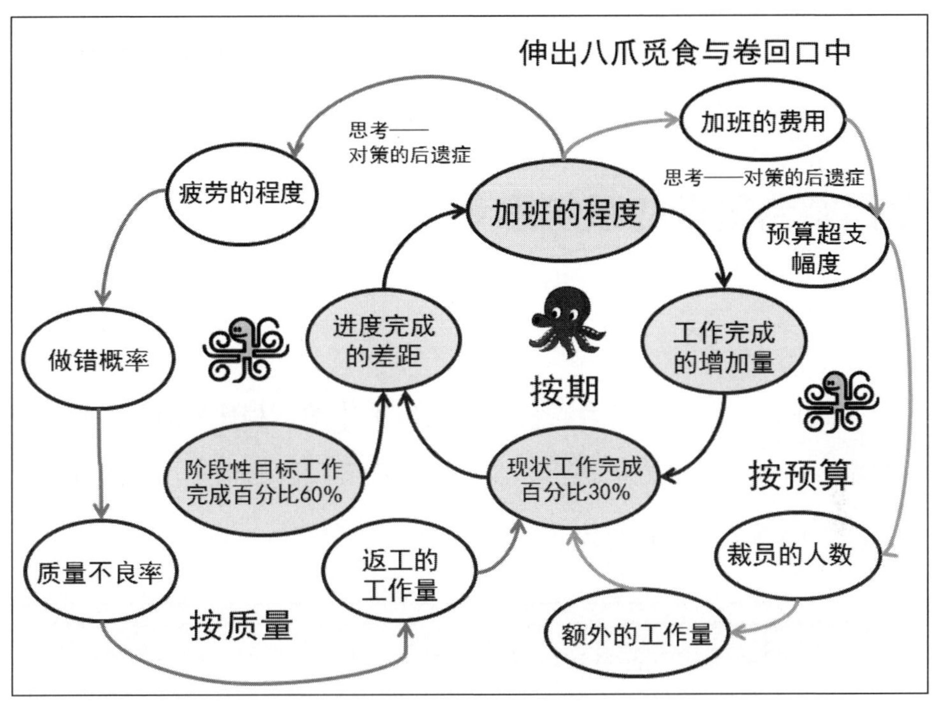

图 3.3　项目管理按期影响按质量、影响按预算的系统思考

故解决项目管理的问题前，要先想想进度逾期会如何影响质量和预算经费、质量不良会如何影响时间和预算经费、预算经费超支会如何影响时间和质量。因为项目按期、项目按质量与项目按预算所采取的对策行动可能会相互干扰，形成数个恶性循环。所以，当项目团队寻求解决项目问题时，必需认识到项目管理事物“牵一发动全身”的系统影响。因为系统思考认为任何一件事必有利害两面，它是一件事的一体两面，无法分开，因此我们在思考一件事时，不能只是简单地从某一方面的利或害去说要做或不做，而是要将利害两面当作一体去思考。《孙子兵法》有云“智者之虑，必杂于利害”就是这个意思。

项目整合管理的系统思考

项目整合管理可视为顺利完成项目工作的“程序管理”，每个项目都是经由起始、计划、执行、监控及结束五阶段的程序，如图 3.4 所示，才能圆满达成项目目标。

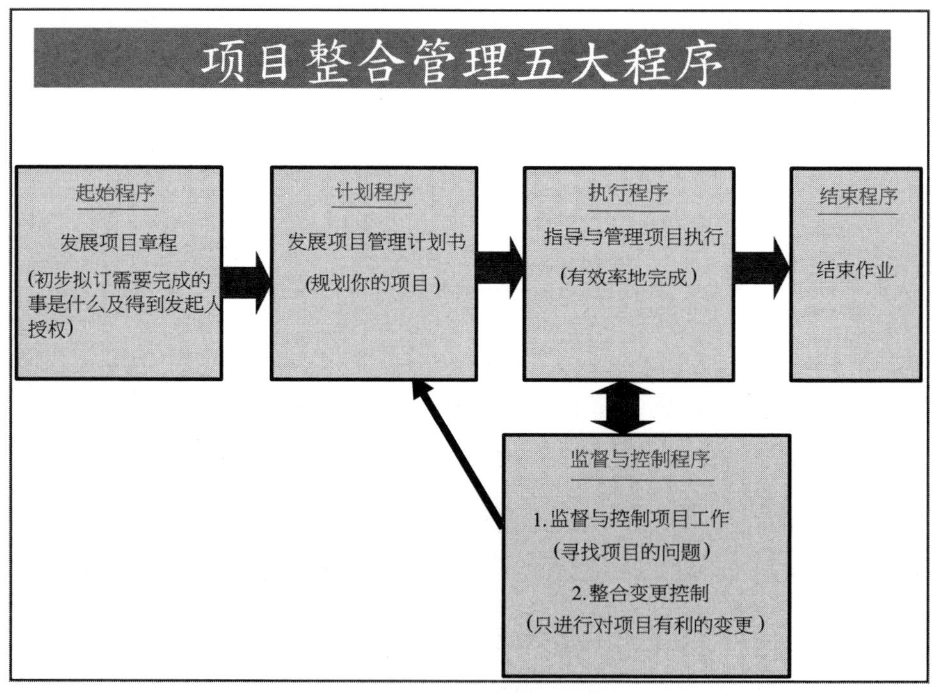

图 3.4　项目整合管理的五大阶段程序

- 起始程序（Initiating Process）

  定义与授权项目，初步制定项目工作需要完成的事是什么。了解对方的需求、假设与限制等信息，基于这些信息初步制定项目工作需要完成的内容或交付成果。最后得到项目发起人正式的文件化授权，即发展项目章程。

- 计划程序（Planning Process）

  定义与更新项目目标，同时规划达成该目标所需采取的行动路线及项目执行所需涵盖的范畴。发展设计一套能让项目据以执行的项目管理计划书，也为后续项目工作的执行提供依据及效果控制的基准（如预算、进度安排、项目成果的型态等）。

- 执行程序（Executing Process）

  随着项目的开展，指导与管理项目里每个活动与步骤，并遵循项目管理计划来处理所有执行时遭遇的问题，让项目有效率地被完成。

- 监督与控制程序（Monitoring and Controlling Process）

  经常性衡量及检查项目进展，以辨识与项目管理计划书所设定的基准是否产生偏差，并针对偏差采取必要的修正、变更、矫正等行动，使其能顺利达成项目目标。监督及控制项目工作的目的就是当项目团队在执行计划时，必需随时监督任何可能会发生的问题，并在发现问题后，提出相应的问题解决应对行动方案。

- 结束程序（Closing Process）

  正式接收项目的交付成果（产品、服务或文件等结果），依序结束所有的作业并撰写结项报告及整理经验学习。

系统思考章鱼头导入项目整合管理，分析如下：依据起始程序“项目章程”的信息于计划程序发展项目管理计划书，“发展项目管理计划书”的目的在于设计一套能让项目据以执行的计划书，此文件中最重要的信息为详细记载项目的基准（如成本 S 曲线、进度安排甘特图、WBS 工作分解结构等 ）。项目管理计划书的基准可视为项目管理的“目标”。然后在执行程序遵循项目管理计划书进行指导与管理项目执行，“指导与管理项目执行”时当下所完成的状态可视为项目管理的“现状”。在监督与控制程序“监督及控制项目工作”中，若目标（ 基准 ） 与现状间发生了“差距”，可能意味我们的项目管理执行出现了问题。通常，差距越大时，我们倾向于认定问题的严重程度越高，并随着差距的扩大，对我们产生的压力也越来越大。这时，我们便希望能借着采取某种矫正“对策（行动）”来改变现况，以期解决问题。接着针对监督与控制程序“监督及控制项目工作”所建议的矫正行动于监督与控制程序“整合变更控制”中进行审查，审查核准的矫正行动会再进入执行程序“指导与管理项目执行“进行实际的执行”。矫正行动执行后“影响的产出”，将让项目在下一个时间点的完成状态更趋近所设定的目标（基准）。“目标”“现状”“差距”“对策（行动）”“影响的产出”即为系统思考章鱼头的组成元素，因此采用章鱼头将可以具体又简单地演绎由“指导与管理项目执行”“监督及控制项目工作”“整合变更控制”所组成的项目控制回馈机制，如图 3.5 所示。

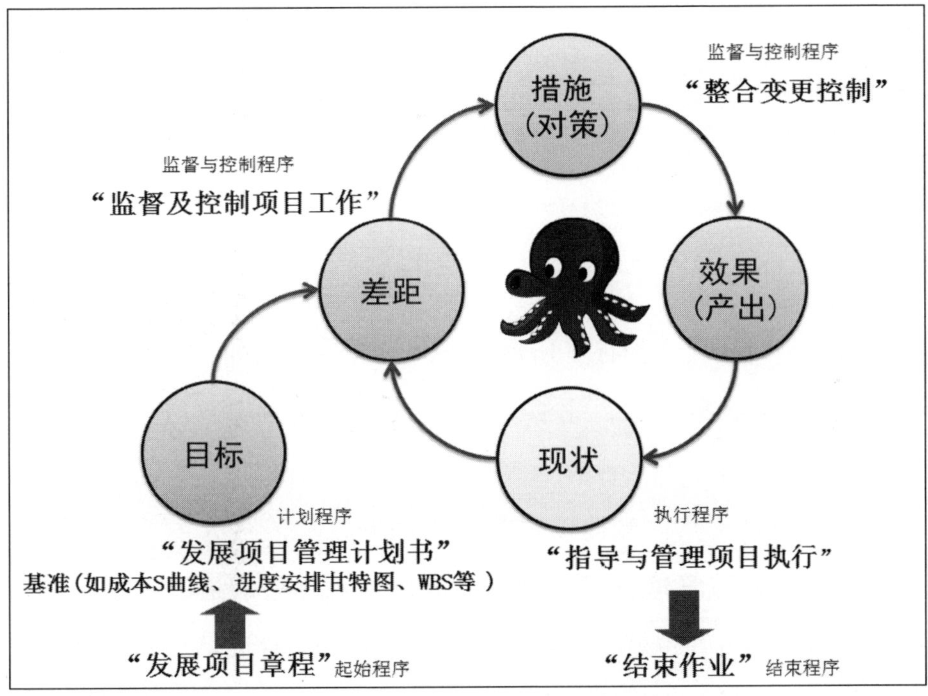

图 3.5　项目整合管理的系统思考

敏捷项目管理的系统思考

孙子兵法有云："兵者，诡道也。"企业面对颠覆型创新的全方位跨领域竞争时代，要如孙子所说的能随机应变市场的动态变化与满足客户个人化趋势的体验，才不会被淘汰。在这方面，项目管理，尤其是敏捷项目管理，能快速有效整合资源来开发有价值的产品以适应客户多变的需求。然而敏捷项目管理是强调以"人"为主的"化繁为简，以简驭繁"管理方式，最重要的成功关键因素是项目团队"组织"再造的程度，也就是必须要先建立真正的敏捷团队，只有这样才能有效发挥敏捷管理流程的功能。如同一个人就算手握倚天剑与屠龙刀，但自身没有锻炼深厚的内力与学习过相应的武功招式来配合，也无法充分发挥武器的最大威力。因此，让组织所有成员有效率有系统地"学习如何学习"是项目管理团队迈向成为敏捷团队的首要任务。

》"学习如何学习"的敏捷团队

美国学者彼得·圣吉（Peter M. Senge）在《第五项修练》（*The Fifth Discipline*）一书中提及组织学习的 7 个障碍或盲点：①本位主义；②归罪别人；③缺乏整体思考的行动；④专注于个别事件；⑤对

缓慢而来的致命威胁视而不见；⑥经验学习的局促性；⑦高估管理团队的效率。我们可以轻易发现恰巧上述这七点都是项目管理团队的缺点，尤其是功能型与矩阵型组织的团队。因为项目团队由跨部门成员组成，所以成员的部门本位主义与个人框架效应是非常严重的，是敏捷团队的最大障碍。

在《第五项修练》一书中提到要使企业茁壮成长，突破本位主义与框架效应的限制，应对变化带来的挑战以维持竞争力，必须建立学习型组织，使组织内的人员全心投入学习，提升能力在岗位上获得成功。彼得·圣吉认为学习型组织是可能的，因为每个人都是天生的学习者。同时，在于兆鹏所著的《敏捷项目管理与 PMI-ACP 应试指南》一书提及“服务型领导（或仆人式领导）”这个术语，最早是由美国管理学家罗伯特·格林里夫（Robert Greenleaf）提出。与自上而下的命令型领导方式不同，服务型领导关注团队成员的需要。他们与自己的团队并肩作战，工作时通常与团队身处一室，而不存在传统项目中金字塔型的组织架构，也没有所谓的大老板办公室等。服务型领导的关键是，负责人首先要为大家服务，然后才是领导。服务型领导更倾向于直接参与项目，并参与团队日常活动。该理念与敏捷理论非常契合。它削弱了等级观念和自上而下的管理模式，加强了团队和领导之间的纽带，同时也意味着相对于传统管理而言更高的忠诚度。而学习型组织之中，领导者是设计师、仆人和教师，与敏捷的服务型领导（或仆人式领导）理念相同。他们负责建立一种组织，能够让其他人不断增进了解复杂性、厘清愿景，和改善共同心智模式的能力，也就是领导者要对组织的学习负责。由上述分析可以发现，学习型组织是培养团队成为高效敏捷团队有效具体的落实办法。

》系统思考打造学习型组织的敏捷团队

要成为“学习型组织”有五项必备的技能，称之为五项修练，分别是：“第一项修练：追求自我超越”“第二项修练：改善心智模式”“第三项修练：建立共同愿景”“第四项修练：参与团队学习”“第五项修练：推动系统思考”。其中，系统思考是整合其他各项修练为一体的基石，彼得·圣吉认为系统思考的修练是建立学习型组织最重要的修练。过去在辅导许多企业学习系统思考的过程中，我们发现只要团队好好落实与推动系统思考，其他四项修练（追求自我超越、改善心智模式、建立共同愿景、参与团队学习）都会自然而然地在团队中被培养出来，无须刻意独立训练。有鉴于此，以下我们将具体说明如何运用系统思考来打造拥有学习型组织特性的敏捷团队。

敏捷的开发团队与一般项目执行团队最大差异是工作规划由团队成员自己来主导执行并非仰赖项目经理，还有团队要具有严格的自我时间管理能力与问题解决的能力。敏捷强调固定时间或称时间盒的概念，如发布时间、迭代循环时间、每日站立会议时间的掌握都是管理的成功关键，同时敏捷提倡的仆人式领导是要借由主动倾听、询问问题不讲答案的方式引导团队自行思考产生解决问题的对策。系统思考如何有效培养团队进行自我规划工作、自我严格时间管理能力与解决问题等能力，分述如下。

系统思考导入自我规划工作方面，“呼吸系统”是解读系统思考的最佳案例。呼吸系统就是要在一段时间内，借由身体中相关的器官彼此进行因果互动，才能顺利完成通气和换气的呼吸功能。因此，具有系统思考习惯的敏捷团队成员会以“共同愿景”与“系统整体利益”为工作分配考虑原则，主动认领适合自己专长的工作，正如呼吸系统要发挥完整功能需先定位好谁当鼻子、谁当咽喉、谁当肺，缺一不可。此外，一般的开发团队经常是点或线型的思考方式，而系统思考属于面型思考。所以，具有系统思考习惯的敏捷团队成员，容易做到换位思考与多方位思考，规划出来的用户故事也比较符合实际的客户需求。

系统思考导入自我严格时间管理能力方面，系统内的元素具有相互串联影响关系，正如鼻子不好会影响其他呼吸器官。敏捷的本质就是价值观的思维变革，所以具有系统思考习惯的敏捷团队成员，会自动培养出牵一发动全身的“心智模式”，这种心智模式将有助于敏捷时间管理的有效落实。

系统思考导入问题解决的能力方面，能力是好习惯的养成，习惯是需要经常性地实际演练与正确方向的指导纠正才能产生的。如果团队整体问题解决能力不佳，需时时仰赖敏捷教练主导协助，那么敏捷教练就无法维持仆人式领导，最后会被迫恢复成项目经理的身份来执行项目监督与控制的工作。因此，如何让敏捷团队在做项目之前就拥有看见问题全貌的能力与建置一致性的问题解决分析程序是敏捷教练的重要职责。

经由多年企业内训经验，建议敏捷教练进行敏捷团队系统思考问题解决学习时，可以采用以下几个步骤：

（1）敏捷教练进行系统思考教学时，要采取“团队学习”。敏捷教练可以使用呼吸系统来说明系统的定义与适用性。

（2）敏捷教练应该教导简易八爪章鱼觅食术问题解决绘制的基本原则，如图 3.6 所示。讲解图形时，那些带有箭头的连接线（“→”）解读成“影响（因果关系）”的意思。

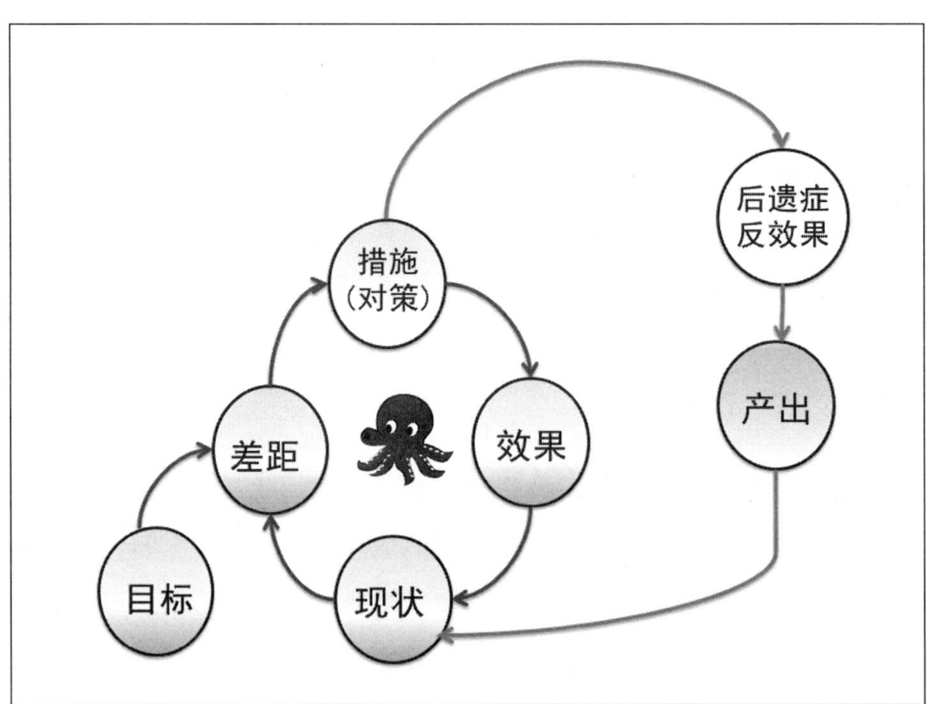

图 3.6　简易八爪章鱼觅食术问题解决绘制图

（3）引导团队先从了解问题的现状与理想目标开始。

（4）问题的产生即现状与理想目标之间产生了差距，接着引导团队共同思考提出为了消除差距需要采取什么措施或行动，还有这些措施或行动实施后会产生什么效果或产出进而影响现状，让目标与现状之间的差距会随时间逐渐消失。

（5）将上述第（3）、（4）条信息绘制成系统思考问题解决图。

【决策痛点四】

三位一体，一体三位？

第 4 章

商业分析师、产品经理、项目经理间的系统思考

在第 1 章所提的呼吸系统就是要在一段时间内，借由身体中相关的器官，如鼻、咽、喉或肺等彼此进行因果互动，才能顺利完成通气和换气的呼吸功能。一般企业里与新产品或新服务开发相关的项目工作，是由商业分析师、产品经理、项目经理以协同合作的形式来完成，所以这三种角色组成项目的系统，即为本书所指一体三位的概念。上述呼吸系统的鼻、咽、喉或肺等单一器官就等同商业分析师、产品经理、项目经理。顺利完成通气和换气的呼吸功能，就等于商业分析的项目为何而做工作与项目管理的项目如何去做工作顺利完成的意思。因此，当呼吸功能有问题时，我们不会只关心鼻、咽、喉或肺等单一器官。例如，喉咙有痰是喉咙造成的吗，还是鼻涕倒流所致?如果只专注于喉咙，解决的策略就会变成吃喉糖来缓解，但喉糖效果结束，还是会继续有痰的道理一样。如同商业分析出问题，不能只针对商业分析师做检讨，还要了解产品经理与项目经理协同合作的程度。而项目管理出问题，不能只针对做项目经理检讨，还要了解产品经理与商业分析师协同合作的程度。所以，系统会有的毛病，如牵一发动全身、见山非山与时间产生的后遗症，在商业分析师、产品经理、项目经理协同合作时都有可能出现。

商业分析师、产品经理与项目的关系

商业分析师就像是把一个成功的组织支撑起来的黏合剂。商业分析是一门独特的学科，专注于识别商业需要、问题和机会，并确定适当的解决方案。由此产生的项目和项目集可能侧重于系统开发、过程改进、组织变革，或三者的组合。商业分析涉及组织的所有层次：战略、战术和运营。商业分析师参与到项目和产品生命周期中，他们着眼于组织的企业架构、相关方需求、商业流程、软件和硬件的各个方面。

商业分析所关注的商业目标通常可以在组织战略计划里面查到，它来自组织的愿景、使命、价值和战略。

- 愿景：愿景描述了未来的状态；
- 使命：使命描述了为什么要达成未来的状态；
- 价值：价值提供了组织为了达成愿景如何定义其使命的边界；
- 战略：战略决定了组织的聚焦点。

图 4.1 描述了从组织愿景、使命和战略计划到达成战略目标的项目之间的各层关系。商业目的是一种战略说明，描述了组织寻求确立或维持当前条件的变化。商业目的可能分解为多个领域，如客户满意

度、运营卓越性，或业务增长。

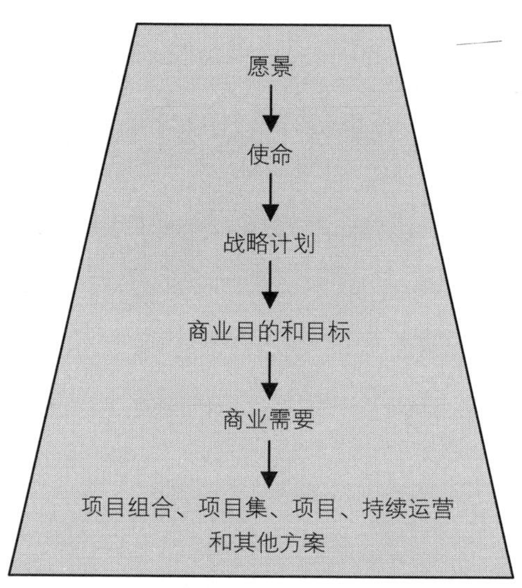

图 4.1 组织战略和业务、项目的关系

商业目的必须分解为一组能够量化的商业目标。商业目标说明了资源投入方向的预定结果，例如希望达到的战略定位或意图。接着商业分析师要进一步了解组织现状与上述商业目标间的差距程度，并分析这些差距是组织缺乏哪些能力所造成的，这些欠缺的能力便产生了商业需要，商业分析师最后确定组织适当的解决方案来达成商业需要。产品经理与项目经理则协助商业分析师将解决方案具体规划设计成可执行的新产品开发相关的项目组合、项目集、项目、持续运营和其他方案。

产品经理的主要工作就是产品管理，根据美国产品管理协会（PDMA）的定义，所谓的“产品管理”（Product Management）是指：

“在新产品开发的过程当中，通过不断监控和调整市场组合的基本要素（其中包括产品及自身特色、沟通策略、配销通路和价格），随时确保产品或者服务能充分满足客户需求。”而产品经理就是针对上述特定产品活动肩负所有责任的人。谈到产品管理与项目的关系，有一个形象的比喻，项目管理负责“生孩子”，产生独特的产品或服务；而产品管理则负责“养孩子”，所以产品经理需要负责产品从概念到交付、成长、成熟、维护和退市的演变过程的一系列阶段管理。

图 4.2 展现了产品和项目之间的关系，说明了产品生命周期是由一个或多个项目生命周期组成的。每个项目生命周期可能包含与产品生命周期的部分（如产品开发、产品维护和最终产品退市）相关的活动。

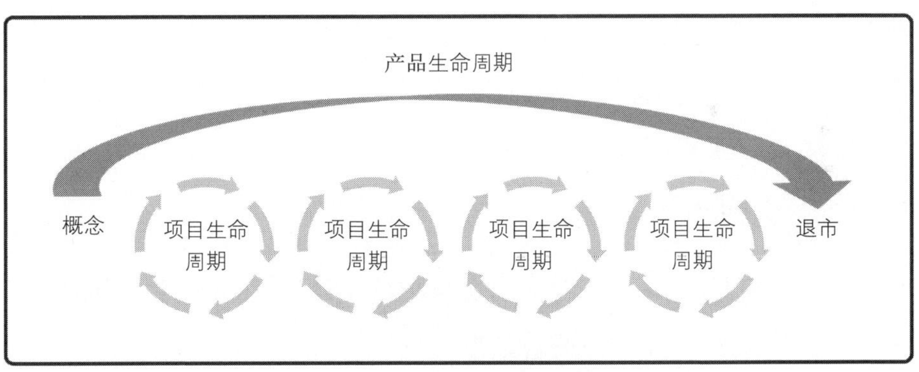

图 4.2　产品和项目的关系

商业分析、产品管理和项目管理的协同合作

商业分析、产品管理和项目管理三者是彼此协同，密不可分的。首先，我们来看商业分析与项目管理的协同。

项目组合管理是为了实现战略目标而对项目、项目集、子项目组合和运营的一个或多个群组进行的集中管理。项目集侧重于实现一组由组织战略和目标确定的特定预期效益，而项目主要关注创建支持特定组织目标的可交付成果。项目可能是项目集的一部分，也可能不是项目集的一部分。商业分析支持项目组合、项目集和项目管理。商业分析能力提升了更高层次的战略和项目集成果之间的一致性，并给项目组合、项目集和项目管理的实践和过程赋能。

商业分析始于情境的定义和对组织期望解决的问题或机会的完整理解；这项工作被认为是项目前期。项目前期活动的成果提供理解价值的信息，而这些价值是给定项目提供给项目组合和项目集的。当组织缺乏项目组合和项目集管理实践时，问题或机会的定义需要在项目开始时进行。商业分析活动通过说明项目集和项目与组织战略的匹配来支持项目组合。在项目组合、项目集和项目管理中，商业分析还涉及定义产品范围、需求、模型和其他产品信息所必需的启发和分析活

动，以构建对解决方案的共同理解，并和负责开发最终产品的人明确沟通产品特性。

那么产品管理与商业分析和项目管理的关系是什么呢？正如上面所提到的，产品管理负责产品从概念到交付、成长、成熟、维护和退市的演变过程的一系列阶段管理，因此它是一个更广的生命周期；项目管理负责构建和完善产品，因此项目管理在生命周期角度来看，是产品管理的一部分；商业分析则是聚焦项目的需求管理。

产品管理知识体系有七大模块：①新产品战略；②产品组合管理；③新产品流程；④生命周期管理；⑤市场研究；⑥工具和度量（泛指整个产品管理过程中会用到的工具与指标）；⑦文化、组织和团队。如图 4.3 所示。

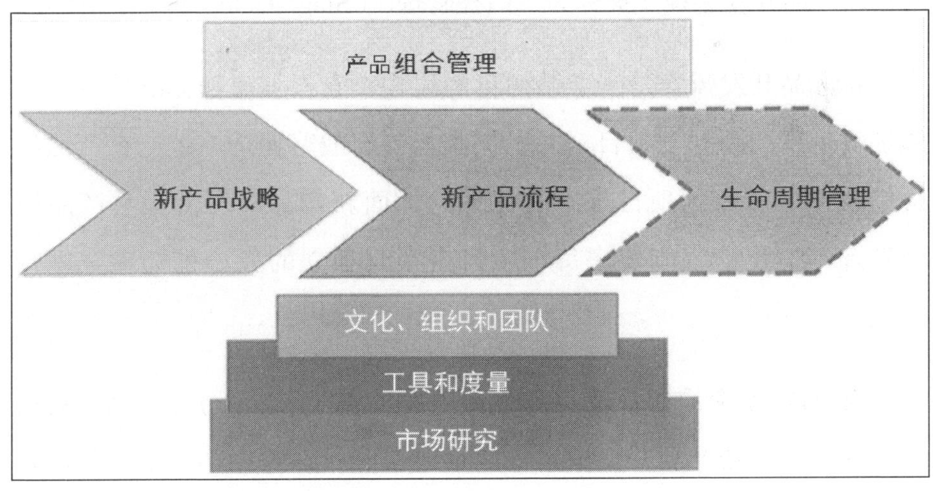

图 4.3　产品管理七模块体系

模块一 新产品战略。首先且最重要的是新产品战略，它指导新产品开发的方方面面。通常，高层管理者负责创新战略，产品经理负责对接战略。战略是在成功规划创新项目和有效实施新产品开发之间的重要关联。不同的战略技术，例如开放式创新和商业模式创新，可以推动新产品开发项目成功执行。

模块二 产品组合管理。接下来，高层管理者还负责产品组合管理。产品组合管理是一项工具，它可以让产品经理从所有可选项目中选择最有吸引力的项目。有效的产品组合管理帮助选择新产品开发项目，而这些项目与创新战略具有明确的一致性。

模块三 新产品流程。因为项目的选择和实施是用于支持创新战略的，所以每个项目在新产品开发流程中会流经一系列的检查点，有些时候新产品开发流程又被称为“门径管理”（Stage-Gate）体系。

新产品开发流程是一个结构化的流程，它根据成功标准检查表来验证每个新产品开发项目，并确保其与创新战略保持一致。在产品组合管理中，所有的项目是同时评估的。而新产品开发流程与产品组合管理不同，它强制要求每个项目必须与独立的成功指标集合进行对比。

模块四 生命周期管理。新产品开发框架的另一部分是产品生命周期管理，这是新产品开发框架中的重要部分，在这一环节中，任何新产品的商业化过程中都必须考虑到产品衰退或最终退出市场的情况。

产品生命管理周期应当关注如下内容：当顾客购买了产品后，如

何更好地交付产品组件和服务以支持这些产品，以及下一代产品如何开发和商业化的问题。

模块五 市场研究。市场研究的成果对于产品经理来说是无价之宝，因为他们必须对接创新战略，从而形成新产品开发框架的完整闭环。

模块六 工具和度量。团队和管理层都会使用不同的工具和度量来高效地开发新产品。例如，在产品组合管理中用于呈现决策数据的图表和图形就是新产品工具的例子。

模块七 文化、组织和团队。任何战略、产品组合乃至项目，一定是由企业和组织中的人来执行并实现的。而不同的创新形式则需要用不同的组织形式来执行。

这 7 个模块是一个有机体，相互联系、不可分割。整个模块体系可以分为 4 个层级：①产品战略和决策；②产品规划、产品开发和产品生命周期；③市场、技术、平台和团队；④支持子流程。如图 4.4 所示。

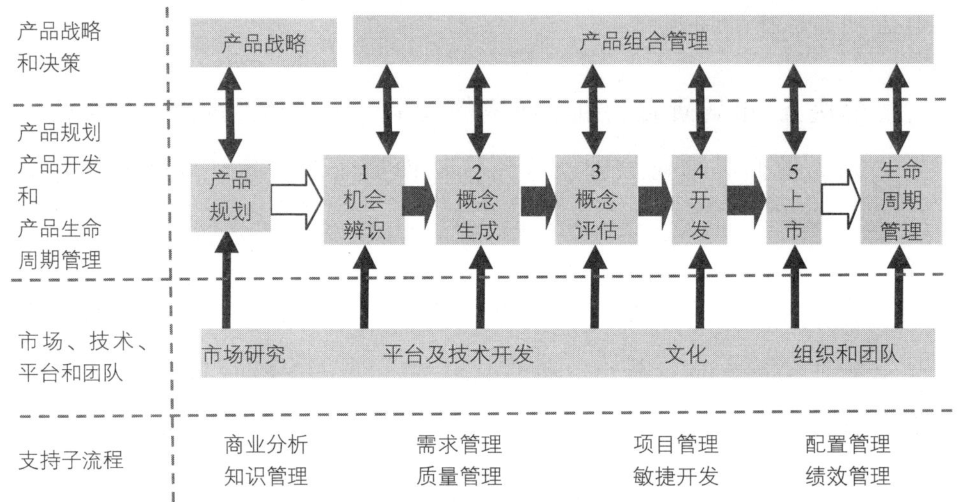

图 4.4　产品经理知识体系关联层级图

产品战略和决策层包括产品战略和产品组合管理两部分，其中产品战略是为产品管理活动提供方向和指引，回答我们应该在哪些领域聚焦的问题，产品战略在产品规划和前期的机会识别方面有着关键的作用；产品组合管理是使新产品项目与战略方向保持一致，因此产品组合管理与新产品开发的各个流程环节都有交互，通过关口评审确保做正确的项目。

产品规划、产品开发和产品生命周期这个层级是整个新产品开发的全流程。开始的产品规划，是基于产品战略来确定产品机会点的。产品机会点通过前期的市场研究来发现客户痛点、痒点或爽点，从而产生新产品的创意。而接下来，则是产品概念的生成和评估，筛选出合适的概念来立项。一旦项目立项后，则需要投入组织资源来开发产

品，并在过程中不断进行市场测试和产品使用测试。如果产品具备上市的条件，则可以成功上市，进入市场。生命周期管理是关注产品上市后的导入、增长、成熟和退市等不同的阶段，确保产品能顺利运营，持续产生效益。

市场、技术、平台和团队这个层级是新产品的基础支撑。其中，市场研究贯穿于整个新产品开发的流程，给新产品开发提供必要的决策信息；平台及技术开发是产品开发的基础。产品平台技术能用于一系列产品的底层核心技术的共享要素的集合，技术开发则是维护和开发产品技术的规划，用以支持组织的未来增长，实现战略目标；使组织得以成功的最终要素是人，是团队。而文化和氛围提供了最终框架，使得战略和流程在该框架中得到积极和成功实施的框架。

最后，支持子流程这个层级则是描述了支持新产品开发的子流程。这些子流程虽然并不一定扮演基础的角色，但也对新产品开发起到保驾护航的作用。这些流程包括但不限于：商业分析、需求管理、项目管理、配置管理、知识管理、质量管理、敏捷开发、绩效管理等。

若产品管理除了产品经理之外，还有商业分析师与项目经理的协同合作配置，则上述的模块一“新产品战略”与模块五“市场研究”可以交由商业分析师负责执行，模块三“新产品流程”的各个立项项目则可以交由项目经理负责执行。

然而，对于产品经理的职责而言，一般会有以下几个面向的迷思：

迷思一：如果产品发生问题，产品经理必须负起全责？

其实，产品经理并非公司资方的代表，也非公司的专业经理人代表，要如何负全部责任呢？且一个产品最后是否能够按期、按质量、按预算地推出市场，也不是产品经理一个人说了就算，而是需要密切地与商业分析师、项目经理及公司相关决策层级主管共同承担。

迷思二：产品经理在规划产品策略时，不用在乎公司所制定的策略？

事实上，依据产品管理的组织架构，公司每个事业单位都必须配合公司的愿景（Vision）、使命（Mission）及核心价值（Core Values）来订立事业单位策略，才能依循此原则进一步规划产品策略；因此，产品经理在规划产品策略时，必须遵循公司及对应事业单位的策略为准则，以作为产品开发依循的方向。

迷思三：产品经理的主要工作仅需确定产品服务规格即可？

一般产品经理往往只会注重产品本身的功能性规格及生产规格，但容易忽略了其规格是否能够符合用户的需求，以及上市产品是否能够符合用户的期望，因而导致产品无法成功推出；事实上，产品经理在开立产品规格之前，必须与商业分析师密切合作，与其共同针对市场环境进行调查与分析，以及高度倾听用户的声音，依循此分析的结果所确定出来的规格，才能让产品的规划更加容易被市场所接受。

总的来说，产品经理最重要的职责有两大重点：

（1）确保产品服务的商业价值：需与商业分析师密切互动，确保产品本身的价值主张（Value Proposition），对使用者有什么用，对企业有什么商业价值（Viability）。

（2）确认可用性和技术可行性：需与项目经理高度地整合，确认产品于技术上可以做得到，且能让使用者用得上，并确保最终产品得以实现。

本书三位一体的概念就是指商业分析、项目管理和产品管理这 3 个工作角色都由产品经理担任。缺乏商业分析师与项目经理一起协作的产品经理，其产品管理或项目管理的工作将会更困难更容易失败，那么如何在短时间内给产品经理赋能来解决三位一体的问题呢？关键就是产品经理除了懂得前述产品管理知识体系，还要学会与活用本书第 2 章的系统思考商业分析与第 3 章的系统思考项目管理。

【决策痛点五】

企业人员流动快，项目知识难以沉淀留存？

第 5 章

项目的知识管理与系统思考

著名的管理学家彼得·德鲁克曾说过，知识工作者与体力劳动者的管理模式是截然不同的。目前的产业经济模式基本还是延续泰勒的“科学管理”理论：集中控制、专业分工等。而知识工作者需要更多的授权、更多的容错、更多的协作等。所以，知识工作者和体力劳动者的管理模式截然不同。

随着企业逐步都演变成知识创新型组织，这就需要更加重视知识管理或经验学习。在项目管理结束阶段十分重视“经验学习”，其重点在于将这次项目中所学到的成功及失败经验，转化成文件记录下来，作为日后其他项目的参考及借鉴。那么如何加强知识管理，提升项目管理经验学习的水平呢？答案是提高员工的“知识行动力”和“知识创新力”。“知识行动力”决定了一个人学习知识，并将其应用到工作的效率；而“知识创新力”决定了一个人将所学知识转化为创新想法的效能。这两个能力是需要通过知识管理来加强的，这样一个人的“知识资本”“创新资本”和“关系资本”得以提升。什么是“知识资本”“创新资本”和“关系资本”呢？知识资本是人或组织创造、存储、分享、应用知识的能力，这种知识循环的能力越强，知识资本就能积累得越深厚；“创新资本”是人或组织根据已有的技能或知识进行知识创新的能力，这种能力的核心点在于根据市场需求，使得自身的知识形成产品；“关系资本”是通过创新的知识形成自身的影响力，进而强化自己的人脉和关系网的能力，通过知识创新而提升的人脉和关系越强，“关系资本”就越雄厚。

知识创新性也会导致企业员工职业发展的变化，由原来的专家型人才变为复合型人才。知识行动力和知识创新力都会影响员工的能力，从而也从某种程度上决定了未来组织项目活动的效率，因此我们说，在未来项目管理学科中一定会大大加强知识管理的比例和重要性。

串联所有相关信息的系统思考图形不仅可以清楚地看见对策或行动如何解决问题并进行目标趋近的循环，而且图形易懂并有完整的故事性，非常适合作为项目管理知识管理或经验学习使用。

接下来我们基于华为学习型组织打造案例说明如何运用系统思考分析图的绘制来具体展现这个嵌套的系统与利润差距造成的问题相互连动。黄卫伟主编的《以客户为中心》一书提到，“从企业活下去的根本来看，企业要有利润，但利润只能是从客户那里来。华为的生存本身是靠满足客户需求，提供客户所需的产品和服务并获得合理的回报来支撑。”“企业生产最主要的目标是服务客户获取利润。”“为客户提供实时、准确、优质、低成本的服务，是我们生存下去的唯一出路。”“客户的利益所在，就是我们生存与发展最根本的利益所在。我们要以服务来定队伍建设的宗旨，以客户满意度作为衡量一切工作的准绳。”另外，在世界经理人网站的文章《华为的“学习型组织”是如何炼成的？》[①]提到，“任正非说：‘在华为，人力资本的增长要大于财务资本的增长。追求人才更甚于追求资本，有了人才就能创造价值，就能

① 来源：www.ceconline.com;作者：Marina。

带动资本的迅速增长。’”“华为强调，人力资本不断增值的目标优先于财务资本增值的目标，但人力资本的增值靠的不是炒作，而是有组织的学习。”“而让人力资本增值的一条途径就是培训，华为的培训体系经过多年的积累已经自成一派。”虽然上述书籍与文章来源不同，通过系统思考可以将其信息整合，如图 5.1 的内部培训体系策略系统思考分析图所示。图 5.1 显示华为的思想核心是以“客户”与“利润”为中心，为了达成目标利润，需要采用内部培训体系的对策，现状与目标的差距越大，对策的规模就越大。内部培训的目的是提升员工的技术与管理能力，能力的提升就是具体的人力资本增值的表现。增值的人力资本可以为客户提供更实时、准确、优质、低成本的服务以增加客户的满意度与价值感受。客户满意度与价值感受的提升会让客户愿意委托更多订单，进而提高现状的收益。

图 5.1 可以细化成 4 个构面（此处构面表示图形组成的结构面向：问题或目标构面、项目或项目集构面、交付标的或效益构面、相关方的价值或期望构面），以利于更高效进行项目管理的经验学习与知识管理。

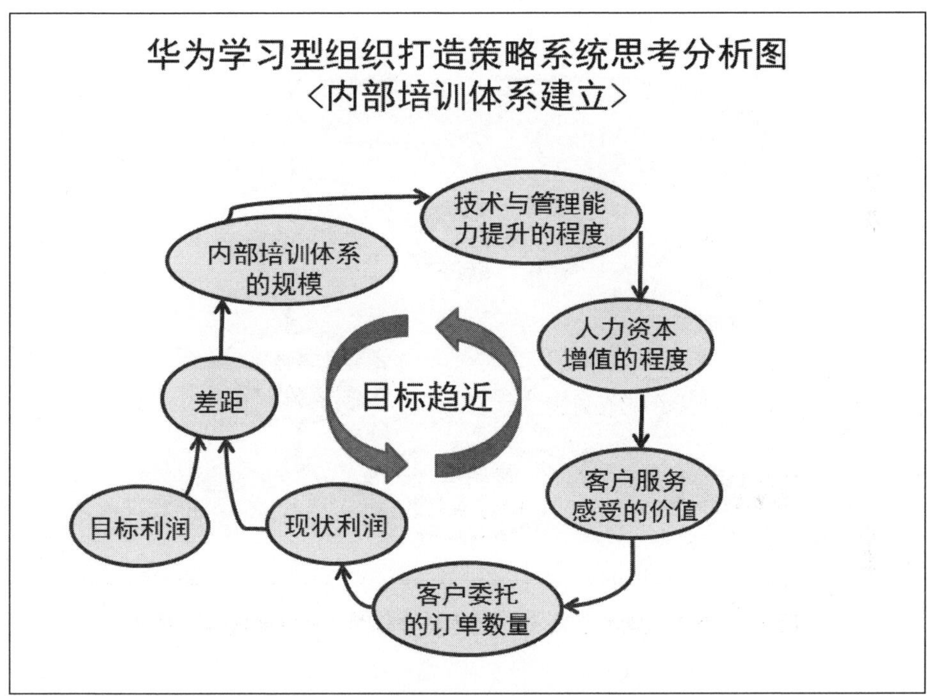

图 5.1　华为内部培训体系系统思考分析图

构面一　问题或目标构面。展现组织或团队要解决的问题或想要达成的策略目标，如图 5.2 所示。

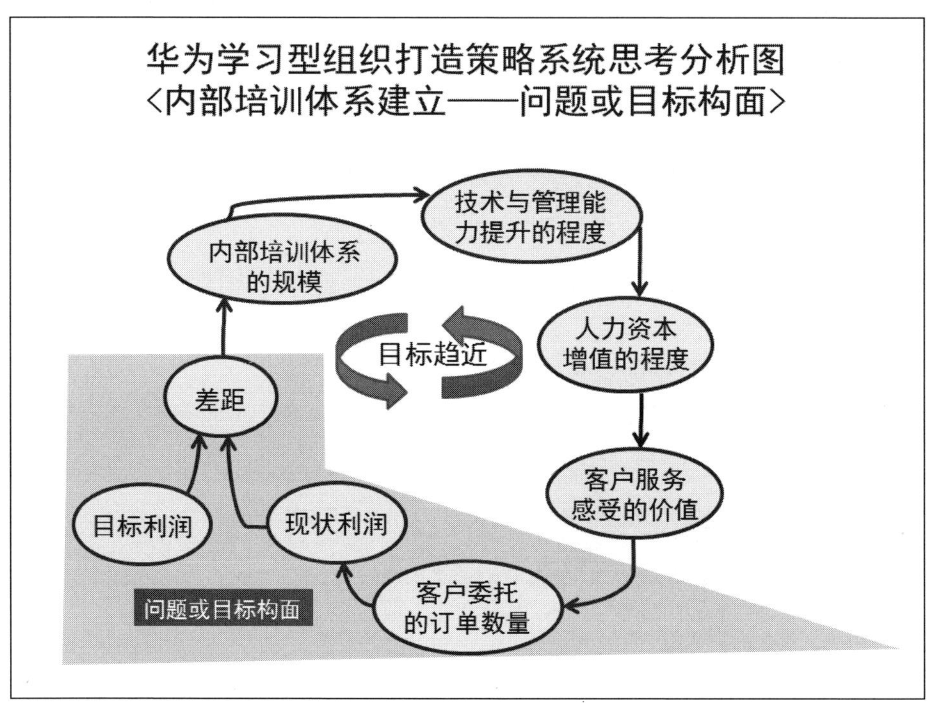

图 5.2　华为内部培训体系系统思考分析图——问题或目标构面

构面二　项目或项目集构面。解决问题或达成策略目标所采用的项目或项目集，如图 5.3 所示。

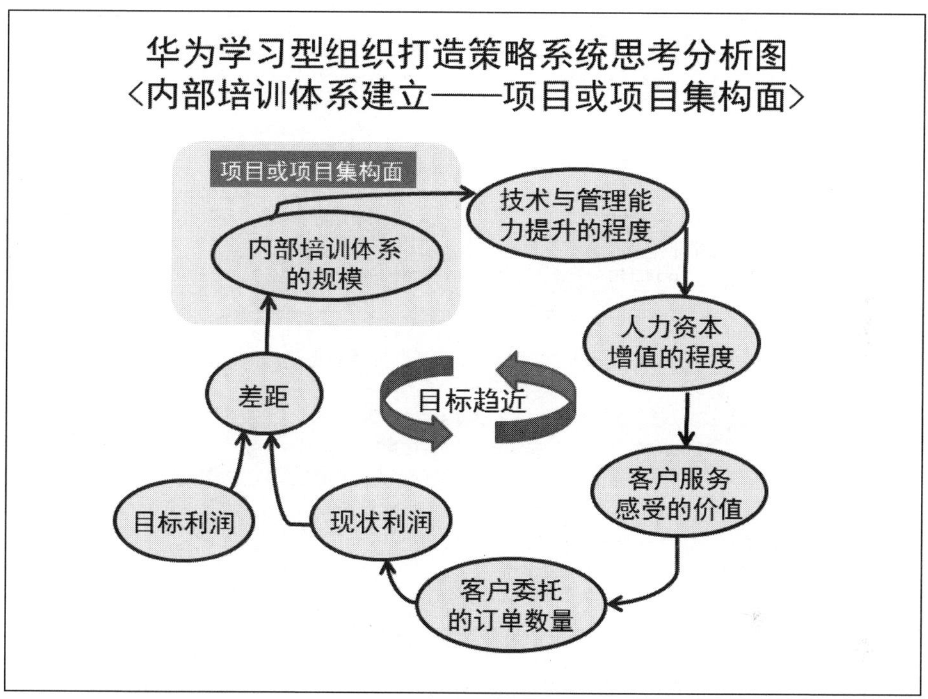

图 5.3　华为内部培训体系系统思考分析图——项目或项目集构面

构面三　交付标的或效益构面。项目或项目集要得到的交付标的或效益，如图 5.4 所示。

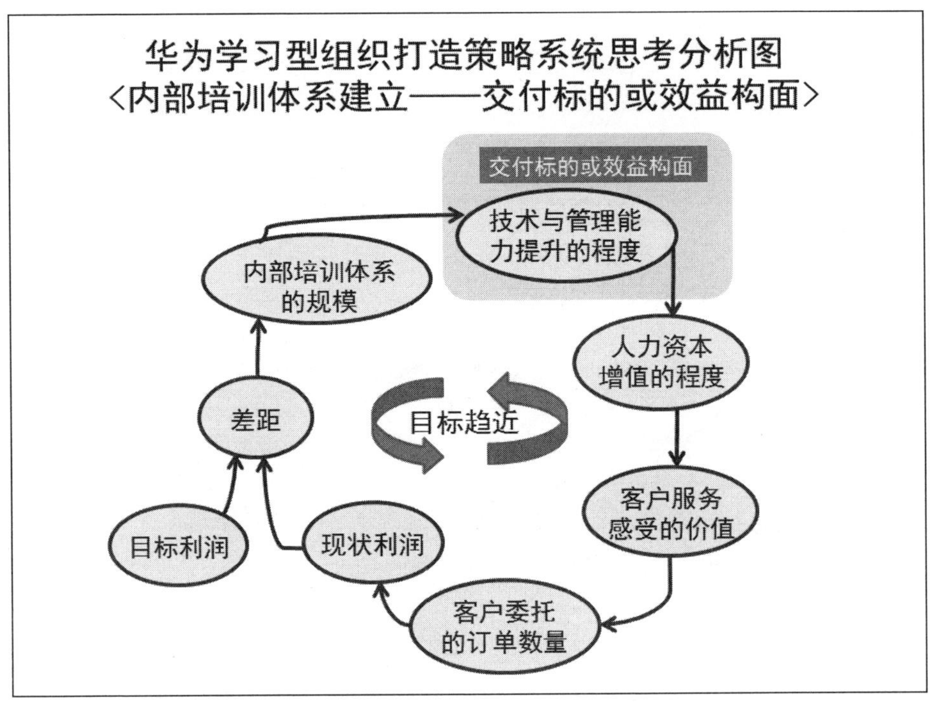

图 5.4　华为内部培训体系系统思考分析图——交付标的或效益构面

构面四　相关方的价值或期望构面：相关方对于项目或项目集的交付标的或效益所感受的价值或期望，如图 5.5 所示。

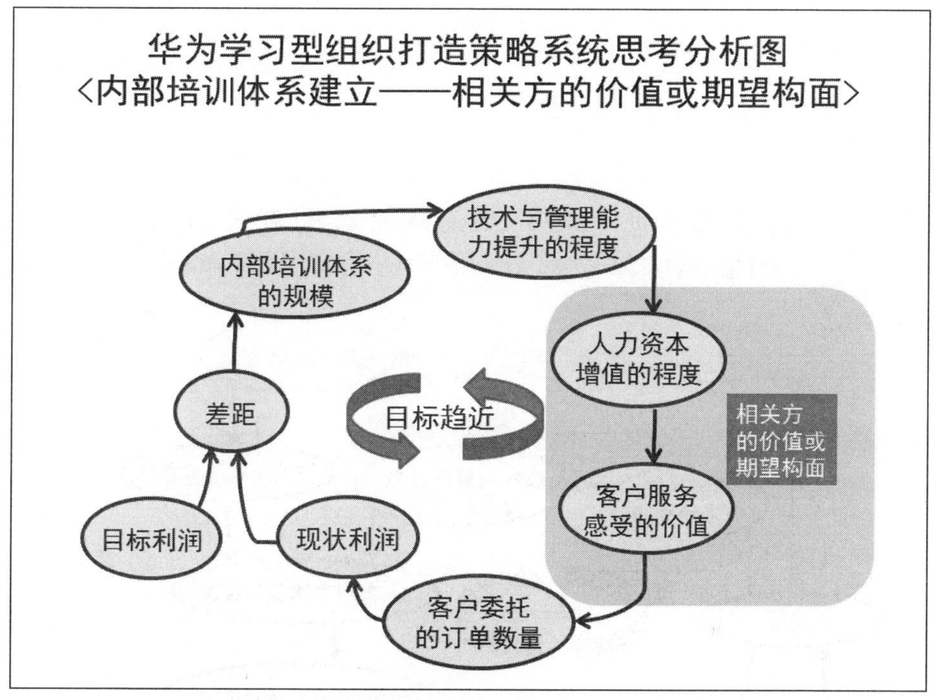

图 5.5　华为内部培训体系系统思考分析图——相关方的价值或期望构面

《华为的“学习型组织”是如何炼成的？》一文也提到如何才能让新员工主动学习、提高自己。“华为采取的办法是全面推行任职资格制度，并进行严格的考核，从而形成了对新员工培训的有效激励机制。例如，华为的软件工程师可以从一级开始做到九级，九级的待遇相当于副总裁的级别。”“除任职资格制度外，华为还通过严格的绩效考核，运用薪酬分配这个重要手段，来实现‘不让雷锋吃亏’承诺。”通过系统思考与 4 个构面（问题或目标构面、项目或项目集构面、交付标的或效益构面、相关方的价值或期望构面）将上述信息与图 5.1 整合，便形成如图 5.6 所示的“内部培训体系建立+任职资格制度与考核”系统思考分析图。由图 5.6 可以发现任职资格制度与考核严格度会形成有效的激励，这种激励会增加员工主动学习意愿，员工自我主动的学习意愿会让人力资本增值。

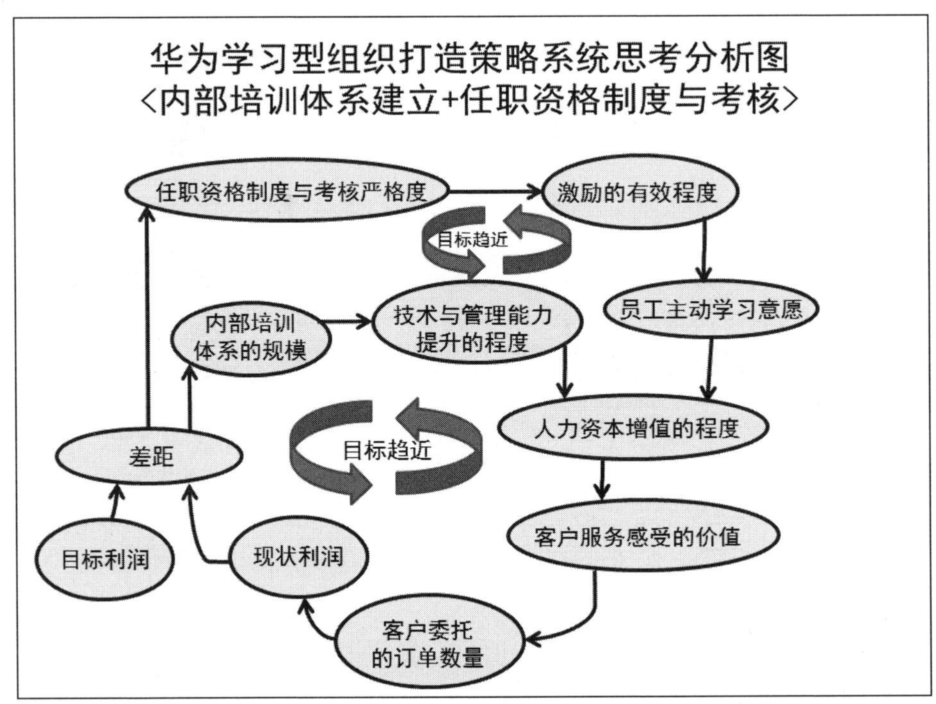

图 5.6　华为“内部培训体系建立+任职资格制度与考核”系统思考分析图

《华为的“学习型组织”是如何炼成的？》一文接着提到“华为员工‘之’字形个人成长，即一个员工如果在研发、财经、人力资源等部门做过管理，又在市场一线、代表处做过项目，有着较为丰富的工作经历，那么他在遇到问题时，就会更多从全局考虑，能端到端、全流程地考虑问题。”。由上述可知，岗位轮换的策略将能有效提升员工洞察问题全貌的能力，进而增值人力资本，如图 5.7 所示。

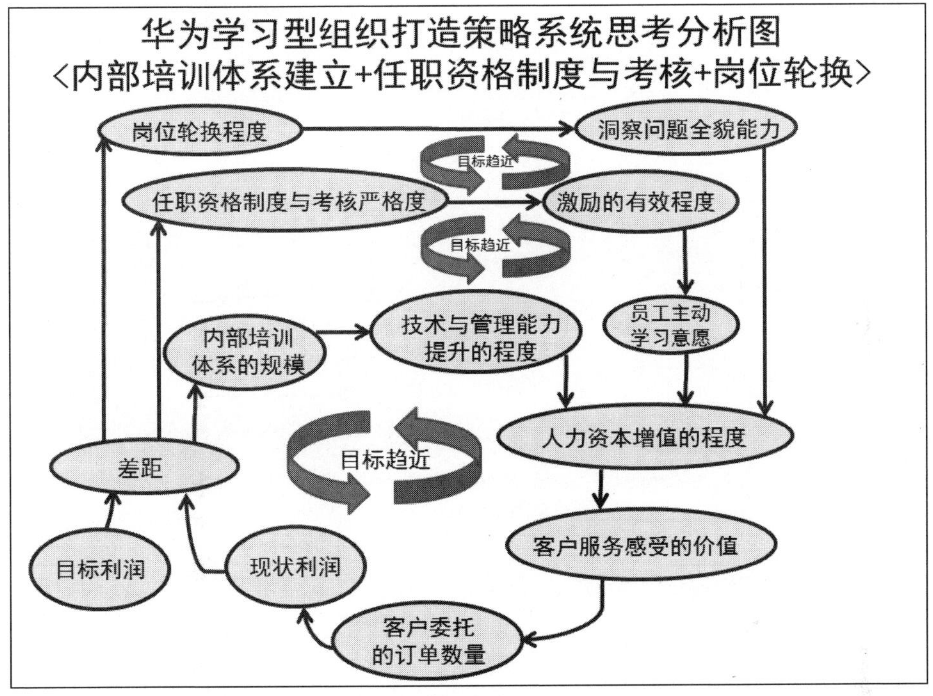

图 5.7　华为“内部培训体系建立+任职资格制度与考核+岗位轮换”系统思考分析图

《以客户为中心》一书与《华为的“学习型组织”是如何炼成的？》一文都指出华为认为未来的战争是班长的战争，班长们需要具有调度资源、及时决策的授权，这种以功能为中心向以项目为中心的转变，让前线作战的能力更加提升，对用户的应变更加灵活。通过系统思考将上述信息与图 5.7 整合，便形成如图 5.8 的“内部培训体系建立+任职资格制度与考核严格度+岗位轮换+前线组织授权程度”系统思考分析图。

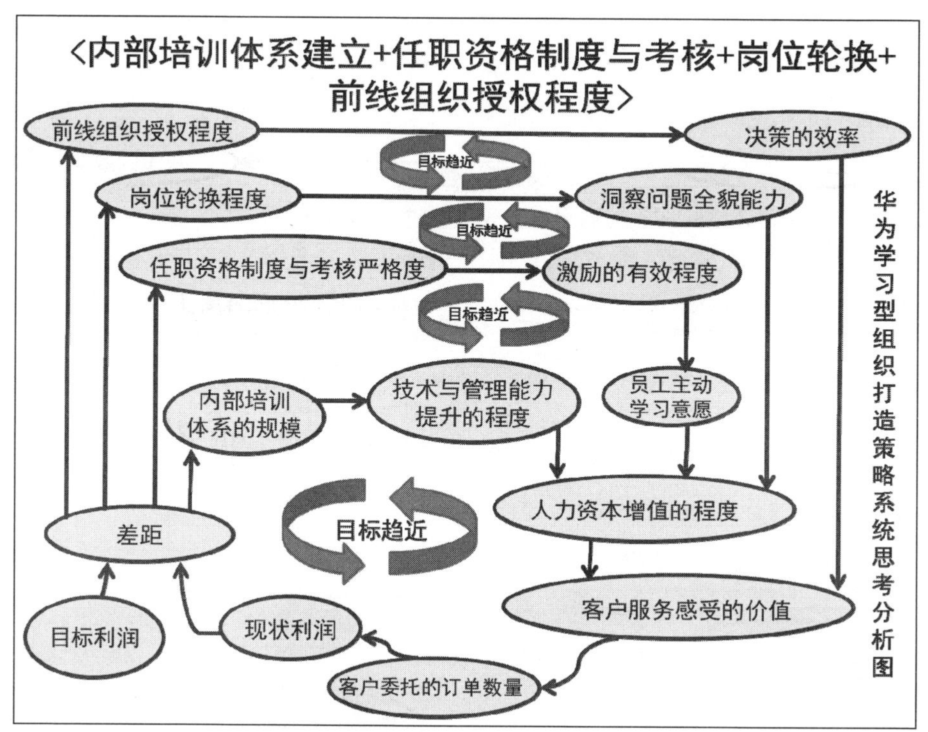

图 5.8　华为“内部培训体系建立+任职资格制度与考核+岗位轮换+前线组织授权程度”系统思考分析图

《以客户为中心》一书也提及华为是最早实行“导师制”的企业，这个制度可以有效提升新人战斗力。华为对导师的确定必须符合两个条件——一是绩效必须好，二是充分认可华为文化，这样的人才有资格担任导师。导师除了对新员工进行工作上指导、岗位知识传授外，还要给予新员工生活上的全方位指导和帮助，包括帮助解决外地员工的吃住安排，甚至化解情感方面的问题等。通过系统思考将导师制的信息与图 5.8 整合，便形成如图 5.9 所示的“内部培训体系建立+任职资格制度与考核严格度+岗位轮换+前线组织授权程度+导师制度”系统思考分析图。

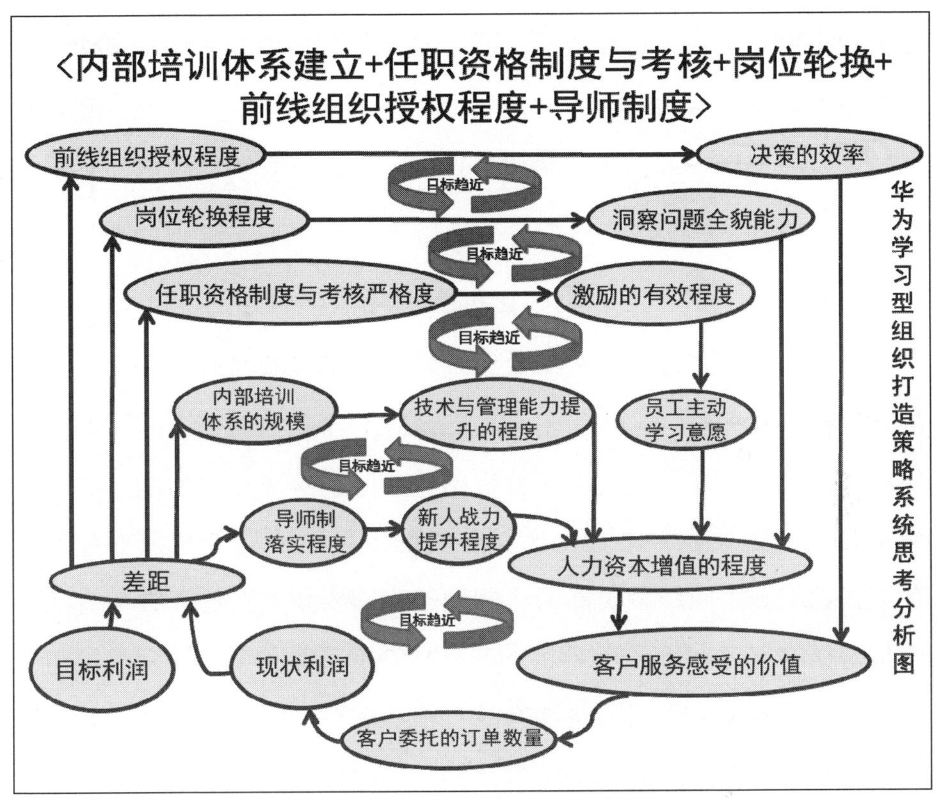

图 5.9 “内部培训体系建立+任职资格制度与考核严格度+岗位轮换+前线组织授权程度+导师制度”系统思考分析图

系统思考从整个系统的角度将各方面要素进行系统整合，使得各领域（内部培训体系、任职资格体系、轮岗体系、一线授权体系和导师制度）既相互影响，又相互贡献，最终达成学习型组织战略目标的实现。

对策有时可能比问题本身更糟（饮鸩止渴）。系统思考分析图除了思考对策的问题解决之外，还能诱发思考对策会不会产生后遗症或反效果，进而一段时间后让原有问题更严重。若对策有后遗症，就得再提出配套措施来防止后遗症的发生。举例而言，像上述的华为案例，如图 5.9 所示，导师制度中导师所负责带领的新人若太多，会严重影响导师现有的工作，进而影响整体生产力，所以配套制度就可能会规定每位导师带领两名新人为限制。

《以客户为中心》一书中强调华为公司认为其最大的浪费是经验的浪费，需要通过编写案例来总结经验、共享经验与开拓视野。上述华为学习型组织打造案例的图 5.9 若加上 4 个构面的描绘，如图 5.10 所示。就可以发现，系统思考分析图是在问题解决与经验学习时，比文字和表格更加容易进行沟通与分析的工具。所谓“知识不等于智慧，智慧不等于问题解决能力，问题解决需要找到对的工具与方法”就是这样的道理。项目管理办公室（PMO）若能在项目管理各层组织内推广系统思考分析图，将能有效汇整各项目的问题解决经验学习，让组织的项目管理工作能达到“借力使力不费力”的境界。

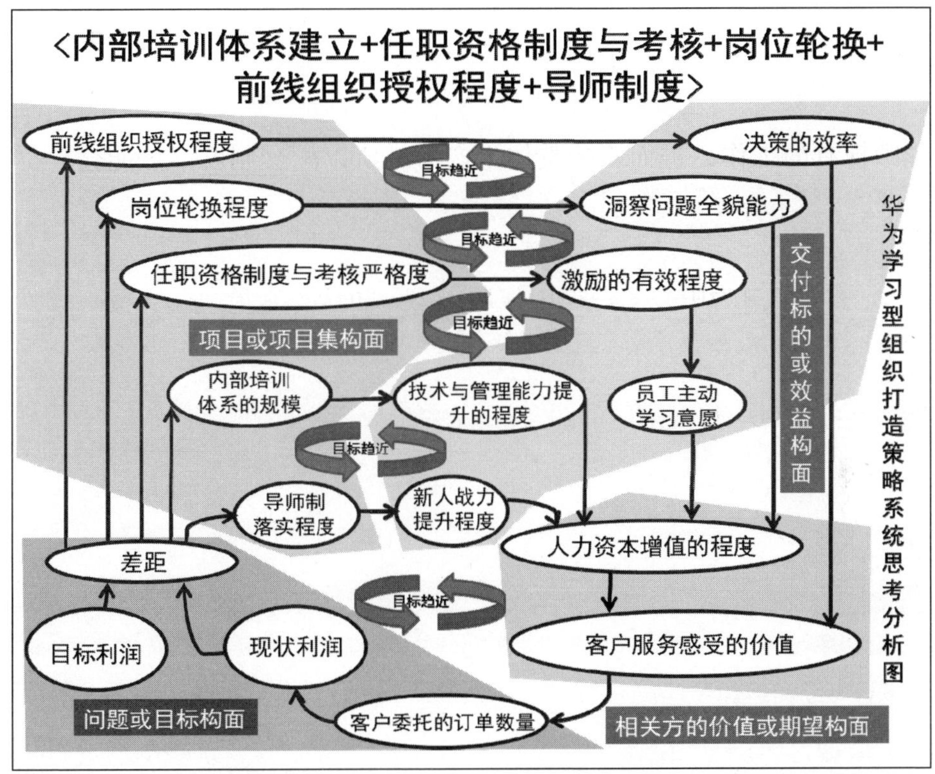

图 5.10 “内部培训体系建立+任职资格制度与考核严格度+岗位轮换+前线组织授权程度+导师制度”系统思考分析构面图

【决策痛点六】

如何设计高效项目管理仪表板？

第 6 章

系统动力学进行项目管理建模与决策分析

在第 1~5 章中，我们运用系统思考的方法来分析项目管理中普遍存在的痛点，如“经常加班赶工”“知识难以积累”等问题。利用八爪章鱼觅食术的方法，可以将项目管理系统剖析成目标、现状、差距、措施（对策），以及措施（对策）所引起的效果和后遗症。项目就是在这样的“目标趋近”的反馈回路中逐渐完成的。当然，有时措施（对策）所导致的后遗症也可能使项目进入一种恶性循环，最终使得项目不能按时、按质量、按成本完成。以上八爪章鱼觅食术反馈回路对项目管理过程的分析是定性分析的方法，定性分析的方法能帮助我们看清事物的本质，得出结论，有时候能够产生醍醐灌顶的效果。然而，在具体的操作层面，却常常更加需要数字的支持，定量分析帮助我们准确把握情况，是制定措施（对策）的必要支持。这一章，我们将要介绍系统动力学模型，对前几章的八爪章鱼觅食术“目标趋近”反馈回路进行量化模拟，以得到项目管理的仪表板，帮助项目经理在实践中查询指标，进行科学决策。

系统思考的量化建模方法——系统动力学

系统动力学（System Dynamics，SD）是美国麻省理工学院（MIT）的福瑞斯特（J. W. Forrester）教授为分析生产管理及库存管理等企业问题提出的系统仿真方法，最初叫工业动态学。这是分析研究信息反馈系统的学科，有助于认识系统问题和解决系统问题。它基于系统论，吸收了控制论、信息论的精髓，是一门综合自然科学和社会科学的交叉学科。

系统动力学在本质上认为：结构决定了行为，行为决定了事件

例如，如果一家企业工资过低，那么就招不到好的人才，有才能的人会离职去相似的企业以获得更高的工资，而公司招聘来的人却才干有限，都是其他相似企业不愿意要的。这样一来，这家企业生产提供的商品或者服务的质量就会下降，企业的产品难以销售，利润减少，不得不继续削减人员的开支，或者减少人员或者降低工资。这样的恶性循环最终会使企业走上倒闭破产的道路，不然的话，有些企业就会以次充好，发生产品质量事故。当产品质量事故被曝光之后，企业往往被罚款，被要求加强质检部门的工作，然而问题的根源并非在质检部门，也不是在生产部门，而是这个系统的结构决定了系统行为的发生发展过程，以及最终爆发的事件。

描述系统结构的方法——因果回路

因果关系是我们经常说起、看到或听到的，但是因果回路的思考方法却用得很少。比如经理经常说，因为手下的员工工作不努力所以部门业绩不好，但是很少有人进一步想，为什么员工不努力工作？也许这个部门里面一直有一种懒散推托的风气，大家都不努力工作，而这反过来又更助长了这种懒散推托的风气。这种从 A 出发，A 的变化影响到 B 发生改变，B 的变化影响到 C 发生改变，C 的变化又影响到 D 发生改变，最后 D 的变化又反过来影响到 A 发生改变的情况，就成为因果回路，如图 6.1 所示。

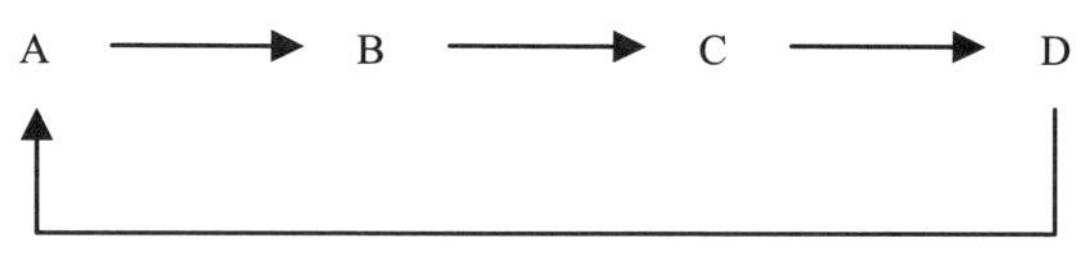

图 6.1　因果回路图

福瑞斯特教授指出系统虽然很复杂，但是只存在两种因果回路：一种是加强型的回路，一种是平衡性的回路。如果 A 的变化（增加/减少），引起回路中各个环节（变量）的变化，回到 A 的时候引起了 A 同方向更大的变化（更增加/减少），那么就说这是加强型的回路。比如一个学校口碑提高了，吸引来的学生更好，培养出来的学生更好，学校的口碑就更好了[见图 6.2（a）]。当然，加强型的回路并不一定是“好”的回路，它可能是越来越好的情况，也可能是越来越差的情况。

一个学校的口碑下降，吸引来的学生质量下降，培养出来的学生质量下降，学校的口碑更差。与加强型的回路相反，对于平衡型的回路，如果 A 的变化（增加/减少），引起回路中各个环节（变量）的变化，回到 A 的时候引起 A 的反方向变化（使 A 减少/增加）。比如开私家车的人多了，道路拥堵程度加剧，就会导致部分人宁愿乘坐地铁出行，减少开私家车出行的人，这就是一个平衡型的回路[见图 6.2（b）]。

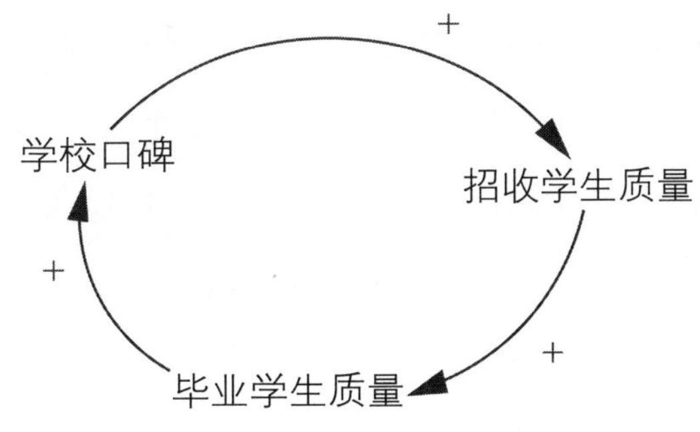

（a）加强型回路图

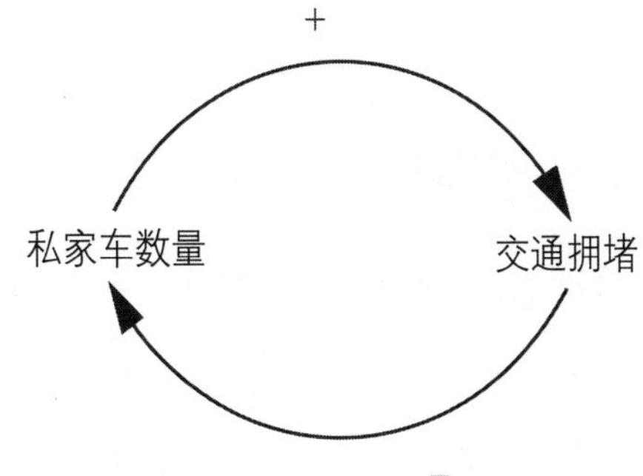

（b）平衡型回路图

图 6.2　两种因果回路

注：两个变量之间连线上的“+”表示两个变量的变化是同方向的，“–”表示两个变量的变化是反方向的。

虽然只存在两种因果回路，但是一个系统里通常会存在多个回路，而各个回路发生作用的时间又不同，因此，系统的行为大多呈现出非线性的情况。比如，私家车和道路拥堵的关系，汽车工业刚刚起步的时候，开私家车的人增加，导致了更多的人愿意买车开车，这样开私家车的人就更多了，这也使得汽车生产量增加、成本下降、价格下降，这样能买车的人就更多了，开私家车的人也就更多了。这里存在多个加强型回路，使得私家车越来越多，而这个时候，道路上的车虽然越来越多，却还没有出现拥堵的状况，平衡型的回路并不发生作用，直到私家车的数量增加到道路的负载上限之后，道路开始拥堵，平衡型回路才开始发生作用。这其中可能还包括道路拥堵加剧之后，政府增加道路建设，提高道路负载，减少拥堵的平衡型回路，然而拥堵减少之后，买车的人会增加，开车的人会增加，又会增加道路拥堵情况。由此可见，这个系统中存在多个加强型回路和平衡型回路，系统的行为呈现出非线性的情况，需要模型模拟来帮助我们对系统的行为进行把握。

系统动力学模型——流量存量

为了模拟系统的动态变化发展的过程，系统动力学模型中有一类特殊变量——存量（Stock）。存量又称状态变量，用来表征系统的状态，为行为和决策提供信息基础。比如，上面例子中的私家车数量就是存量。存量的数值在任何一个时点上都可以通过测量得到，同时存量又是随着时间而变化的。存量的改变是由流入量和流出量决定的。例如，2018 年年底某地区私家车数量是 40000 辆，如果今年有 5000 人

购买私家车，有 4000 辆私家车报废了，那么到今年年底，就有 41000 辆私家车了。购买私家车和私家车报废是私家车数量这个存量的流入量和流出量。流入量和流出量统称为流量，流量是速率变量，表示一段时间内存量增加或者减少的数量。存量不会无缘无故地出现或者消失，它的增加或者减少必须通过流入量和流出量才能发生，就仿佛一缸水的变化或者是有水流入或者有水流出。流量存量图如图 6.3 所示。

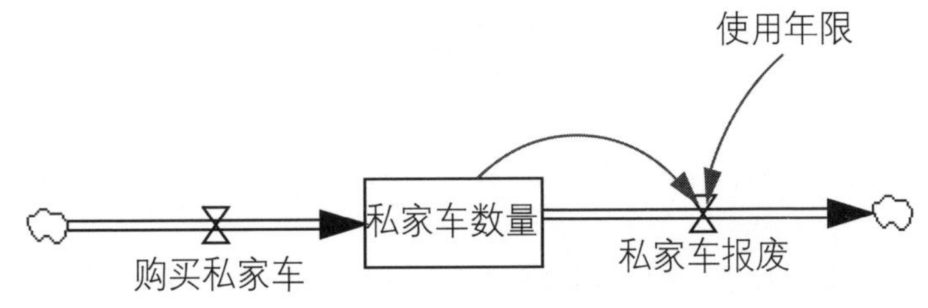

图 6.3　流量存量图

然而，同时存量往往也影响流量。比如私家车通常可以使用 8~10 年，那么，随着私家车数量的增加，每年私家车的报废量也会增加。流量影响存量，存量反过来影响流量，这就是一个因果回路了。

系统动力学模型模拟

借用私家车的例子简单演示一下模型赋值和模拟。私家车是存量，它累计流入量和流出量的变化，并需要为它赋予初值——40000 辆。

$$私家车数量(t) = \int_{t_0}^{t} \left[购买私家车(t) - 私家车报废(t)\right] dt + 私家车数量(t_0)$$

$$私家车数量(t_0)=40000（辆）$$

购买私家车是流入量，假设购买私家车是需要拍照的，而每年地方政府都提供 5000 张拍照，都会被用完，那么每年购买私家车的数量就是 5000 辆。

购买私家车=5000（辆/年）

私家车报废是流出量，它与私家车的使用年限成反比例

私家车报废=私家车数量/使用年限

使用年限是辅助变量，辅助变量可以是随时间变化的，也可以是常量。这里使用年限是常量，设置为 10 年。

使用年限=10（年）

这样所有的变量都赋了值或者计算公式，模型就可以运行了。如图 6.4 所示，模型的运行结果可以看到，购买私家车一直是每年 5000 辆，私家车的报废随着私家车数量增加而增加，私家车的数量一开始随着时间逐渐增加，然后稳定在 50000 辆，这个时候每年购买私家车 5000 辆，每年报废 5000 辆，私家车的数量不再发生变化。

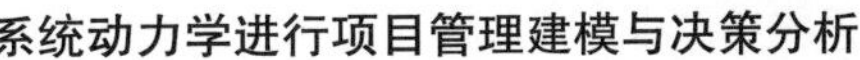

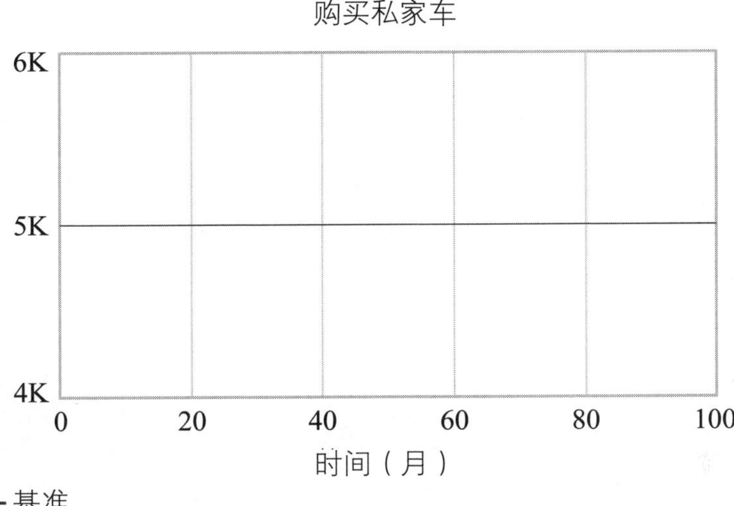

（a）

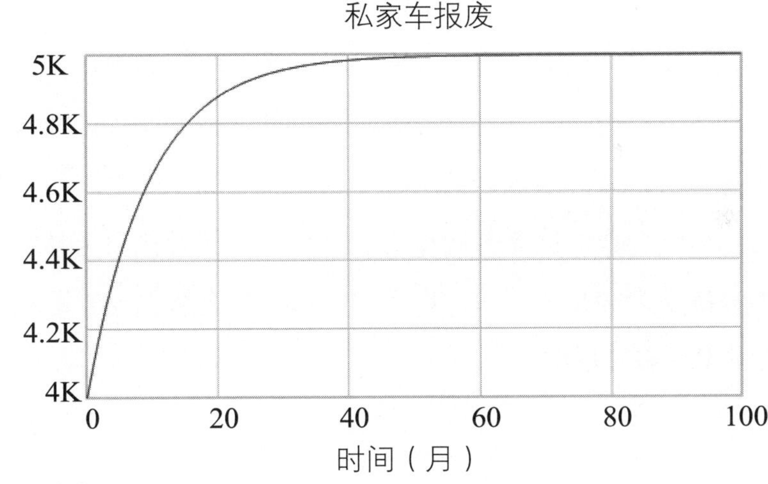

（b）

图 6.4　模拟运行结果

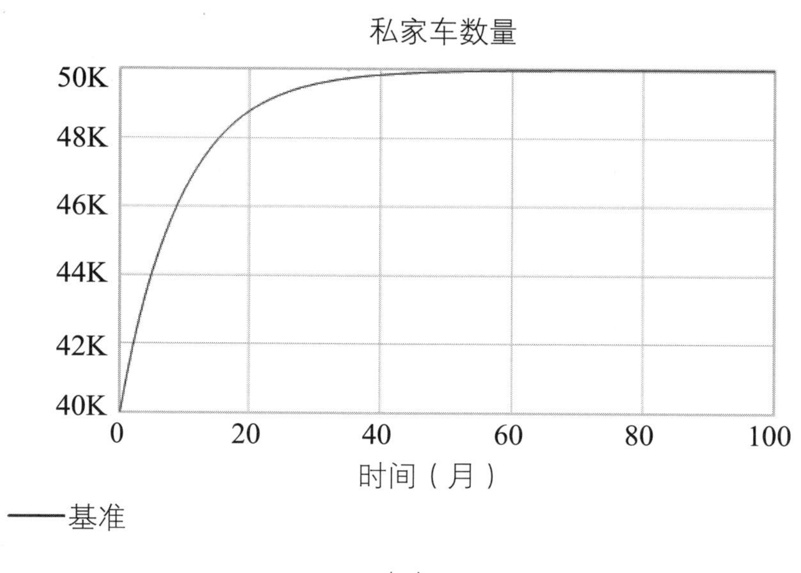

（c）

图 6.4　模拟运行结果（续）

以上，我们简单地介绍了系统动力学的一些核心观点，以及模型的构建和模拟。由于本书着重在介绍系统动力学如何进行项目管理建模与决策分析，并非系统动力学的专书，有兴趣学习更深的系统动力学理论与软件操作的读者，建议可以参考本书作者钱颖老师或杨朝仲老师的系统动力学相关著作。以下，我们将要介绍如何将系统动力学模型应用到项目管理中。

项目管理按期的系统动力模型

首先，我们看一个最简单例子，就是项目中进度按期完成的情况。应用八爪章鱼觅食术的方法，我们可以绘制目标趋近图，如图 6.5 所示。首先，我们有一个阶段性计划的目标工作完成百分比。实际情况中，我们得到一个工作完成百分比，如果发现有一个差距，我们就会进行调整，最常用的方法是加班，加班增加后，工作完成量增加，趋近于我们的目标。

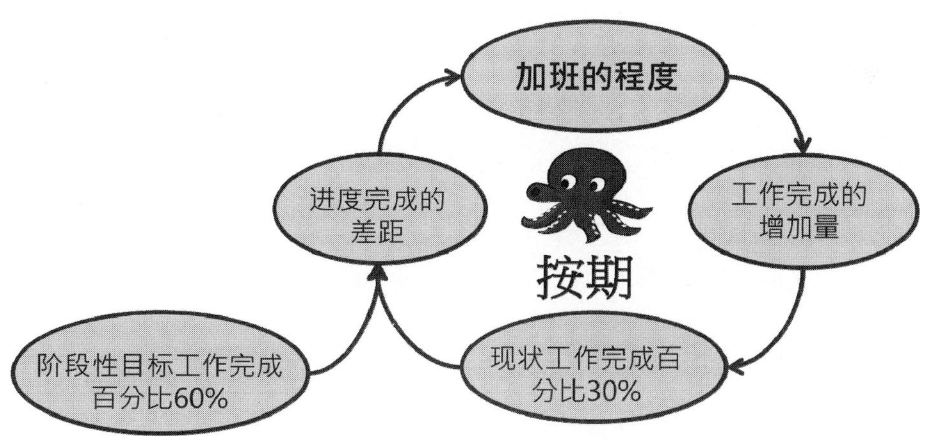

图 6.5　项目管理按期的系统思考图

基于定性的系统思考，构建定量的系统动力学模型，如图 6.6 所示。这其中存在一个平衡型的回路，也就是当现状工作完成百分比低的时候，进度完成差距就大，加班程度上升，工作完成量增加，现状工作完成百分比就会增加。

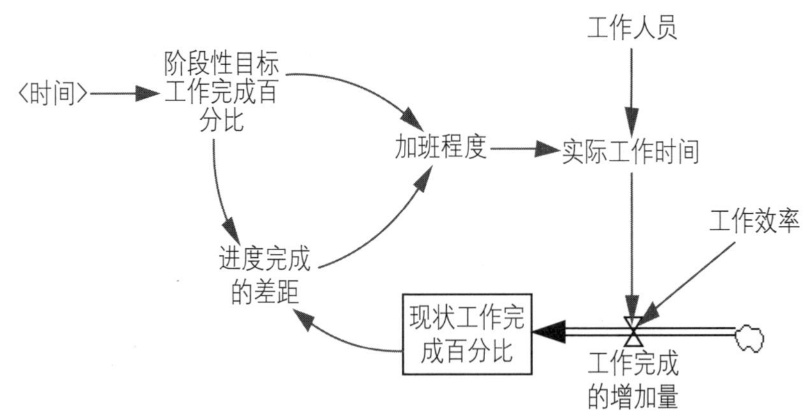

图 6.6　项目按期的系统动力学模型

下面我们就开始给这个模型的变量赋值或者写入公式。我们来假设一个案例的情况吧。假设我们现在有一个项目，软件开发的项目或者工程施工的项目或者其他中长期项目，要进行 1 年（50 周），总预算是 500 万元，项目的进度情况是：前 5 周，完成项目的 5%；到 20 周，完成项目的 25%；到 40 周，完成项目的 90%；最后 10 周，完成 100%。

阶段性目标工作完成百分比其实就是我们的计划进度。因此，我们设置一个随时间变化的表：

阶段性目标工作完成百分比= with lookup [Time,（（0,0），（5,0.05），（20,0.25），（40,0.9），（50,1））]

现状工作完成百分比是在任何时点可以测量的，是随着工作完成增加量而逐步增加的，所以模型中将这个变量设置为存量。工作完成的增加量是流入量。这个存量目前没有流出量。初始的现状工作完成百分比是 0，即现状工作完成百分比(t_0)=0

$$\text{现状工作完成百分比}(t)=\int_{t_0}^{t}\text{工作完成增加量}\left(t\right)\mathrm{d}t+\text{现状工作完成百分比}(t_0)$$

进度完成的差距=阶段性目标工作完成百分比–现状工作完成百分比

加班程度由进度完成差距决定。

加班程度=进度完成的差距/阶段性目标工作完成百分比

实际工作时间=工作人员×（1+加班程度）

假设案例中由 20 个人组成项目团队，即计划人员=20。

工作完成的增加量=实际工作时间×工作效率

按照 20 个人工作 50 周完成 100%项目的进度，那么工作效率便是平均每周每人完成项目的 0.1%，因此给工作效率赋值 0.001，即工作效率=0.001。

图 6.7 是项目管理按期的系统动力学模型模拟结果。完工百分比这张图中标有 1 的线是项目计划完工比例，标有 2 的线是实际的项目进度。从模拟结果（基础模拟 1）可以看出，如果这个项目团队上一直布置了 20 个人，由于此项目初期进度略低，一开始的实际进度比计划略

快，而 20 个人并未满负荷工作，加班程度是−30%左右，即 1/3 左右的人没有事情做，或者说每个人的工作量只有 26 小时/周（正常工作量是每周 40 个小时）。而到了项目的中后期，20 个人又出现了不够用的情况，加班的程度达到 20%左右，即平均每人工作量达到 48 小时/周。

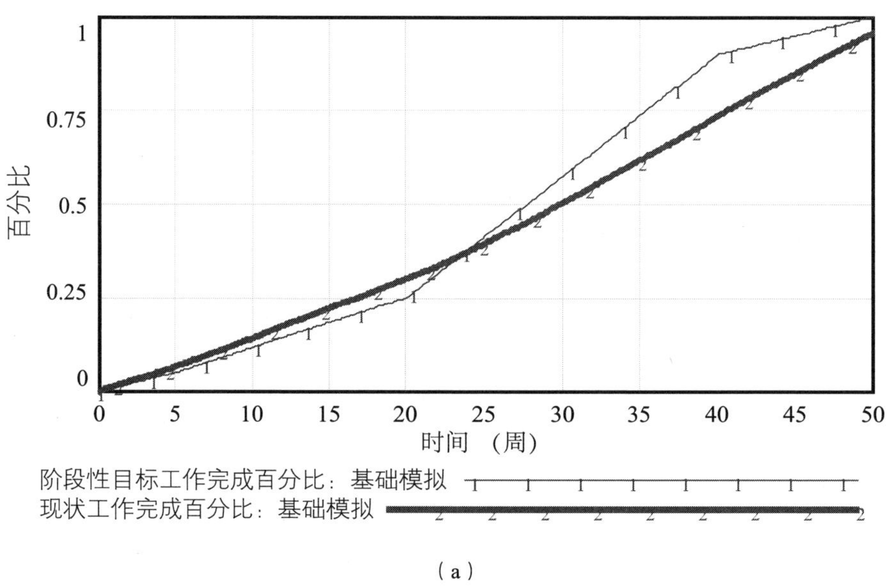

（a）

图 6.7 项目管理按期的系统动力学模型模拟结果

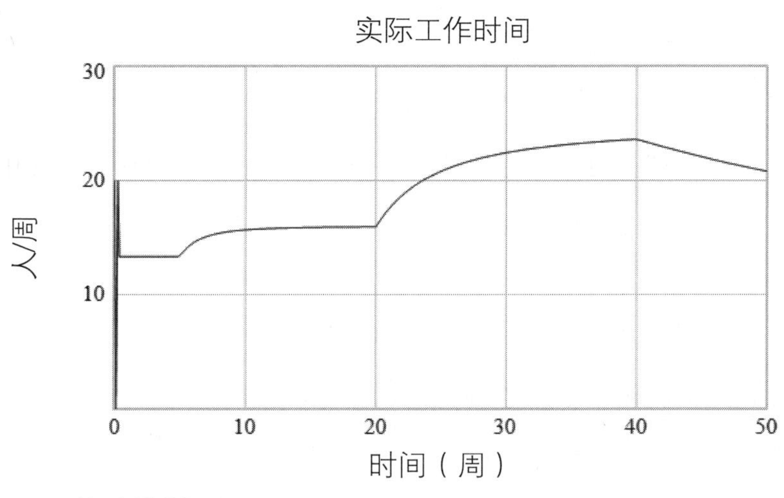

（b）

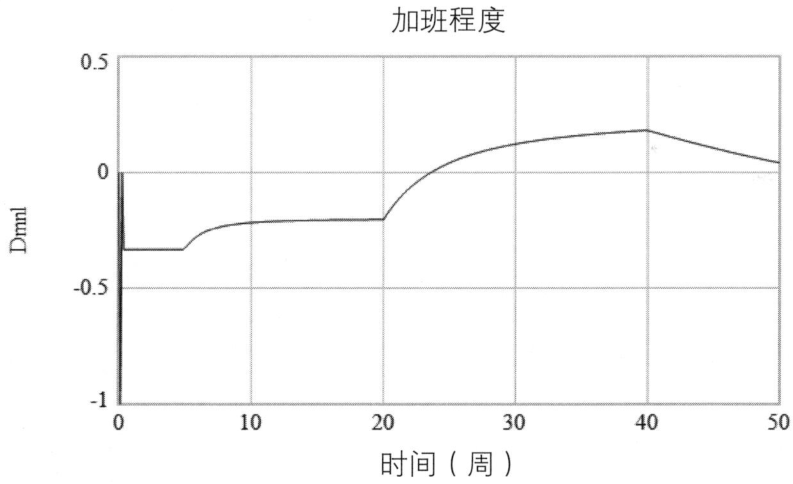

（c）

图 6.7 项目管理按期的系统动力学模型模拟结果（续）

在这样的案例设置下，我们可以发现，此案例项目的人员安排是不合理的，如果初期的工作相对较少，那么团队初期不需要那么多人员，而后期工作相对较多，可以增加人手，这样就不会形成期初浪费了资源而后期有赶工的情况了。最后在赶工的情况下，还是没有在 50 周准时完成项目，还有 5%的项目最后没有完全完成。系统动力学的模型给我们的第一条启示是：按照项目计划的进程合理安排人员。如果项目前期工作比较紧，那么前期要多安排人员，而后期工作比较轻松的话，后期应该逐渐撤出人员。

项目管理按期、按质量的系统动力模型

项目管理按期模型中，大家可能会感觉到加班赶工是一个达到按期完工的好方法，然而加班赶工会产生一个副作用，那就是疲劳会让项目的质量下降。如果要保证项目的质量，那就需要返工，会造成更大的赶工问题。图 6.8 是对这个问题的系统思考图。

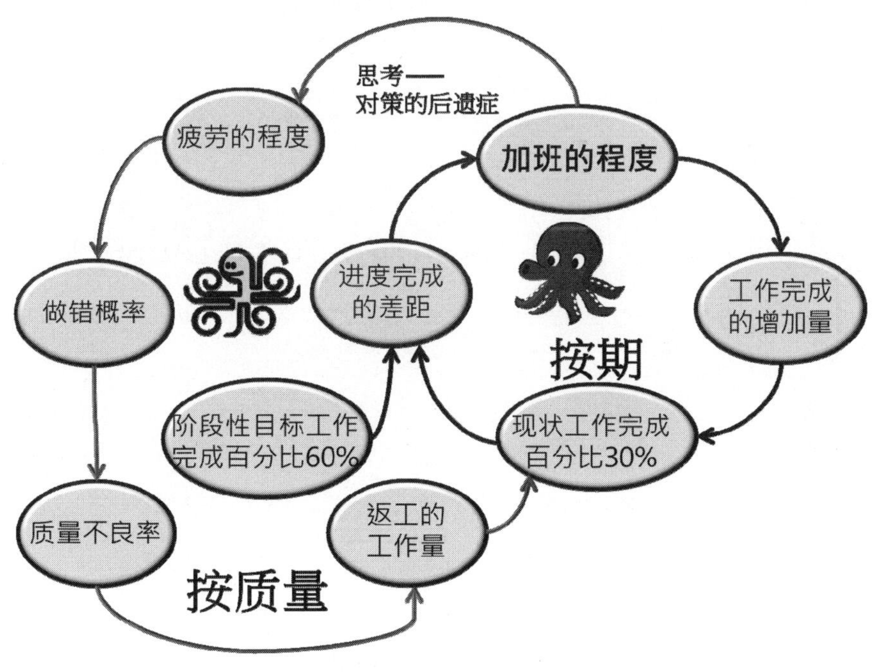

图 6.8　按期影响按质量的系统思考图

基于定性的系统思考，构建定量的系统动力学模型。在图 6.6 的模型基础上，再增加相应的变量——“疲劳程度”“做错概率”和“质量不良率”。这些变量都是辅助变量，它们之间的关系可能是线性相关，也可能是非线性的。例如，根本没有加班，疲劳程度这时定义为 0，那么还是有一定的概率会做错；而稍微有一定程度的加班的时候，疲劳程度稍微提高，但是做错的概率并没有发生变化；而当加班程度提高到一定程度之后，做错的概率会大幅度提高。这两者之间的关系根据项目情况不同而不同，可以根据历史数据进行分析测量获得。

由于不是基于实际案例，缺乏数据，我们对于这几个变量的关系无法进行实测。简便起见，我们做了线性相关的假设。图 6.9 是系统动力学的模型，粗箭头的部分是这次新增加的回路。

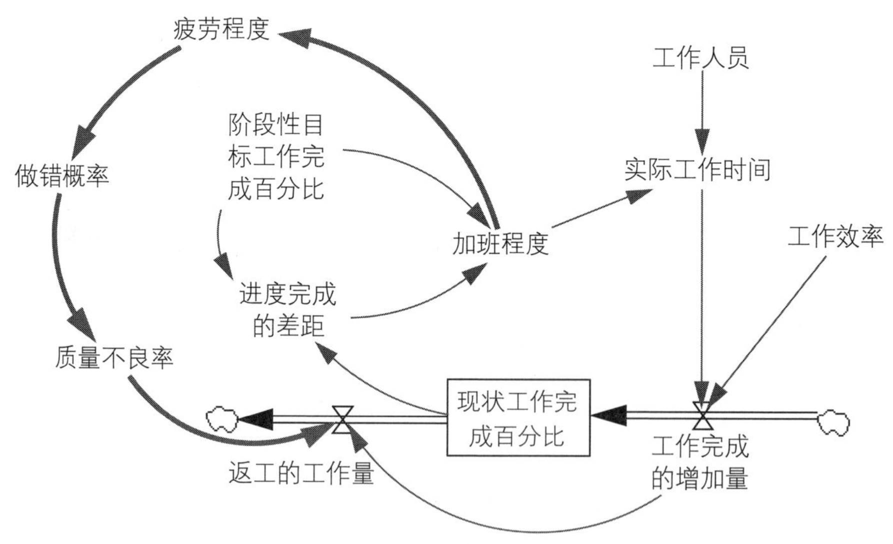

图 6.9　项目管理按期影响按质量的系统动力学模型

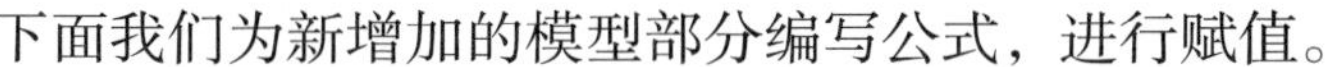

下面我们为新增加的模型部分编写公式，进行赋值。

在这个模型中，现状工作完成百分比不仅仅有流入，还有流出，流出就是“返工的工作量”。因此，现状工作完成百分比的公式变为：

$$\text{现状工作完成百分比}(t)=\int_{t_0}^{t}\left(\text{工作完成增加量}(t)-\text{返工工作量}(t)\right)\mathrm{d}t+\text{现状工作完成百分比}(t_0)$$

$$\text{现状工作完成百分比}(t_0)=0$$

返工的工作量=工作完成的增加量 × 质量不良率

质量不良率=做错概率

此案例假设做错的概率最小是 0，即完全不加班的情况下，做错的概率为 0。当然，做错概率肯定不会低于 0，但是现实生活中，即使在完全不加班的情况下，还是有可能会出现一定的错误的，做错概率最小值未必是 0，要根据具体的情况进行赋值。

做错概率=max（疲劳程度, 0）

疲劳程度=加班程度

图 6.10 是项目管理按期、按质量的系统动力学模型模拟结果。完工百分比这张图中标有 1 的线是项目计划完工比例，标有 2 的线是实际的项目进度。从模拟结果（基础模拟 2）可以看出，项目开始阶段与按期模型的结果是一样的，工作量不足。而到了项目的中后期，实际

完工百分比大大落后于计划完工百分比，到了 50 周的时候，只完成了项目的 88%，还有 12%的项目没有完成。这是由于项目进入中后期时，进度加快，20 个人出现了不够用的情况，开始加班赶工，但是加班赶工为项目带来的副作用，质量不良率提高，返工的工作量增加，这又增加了加班的强度，在这样的情况下，我们看到加班的程度达到 25%左右，即平均每人工作量达到 50 小时/周。而质量不良率一度超过到了 20%，有超过 1/5 的完工工作需要返工。因此，项目进度就大大落后于计划了。

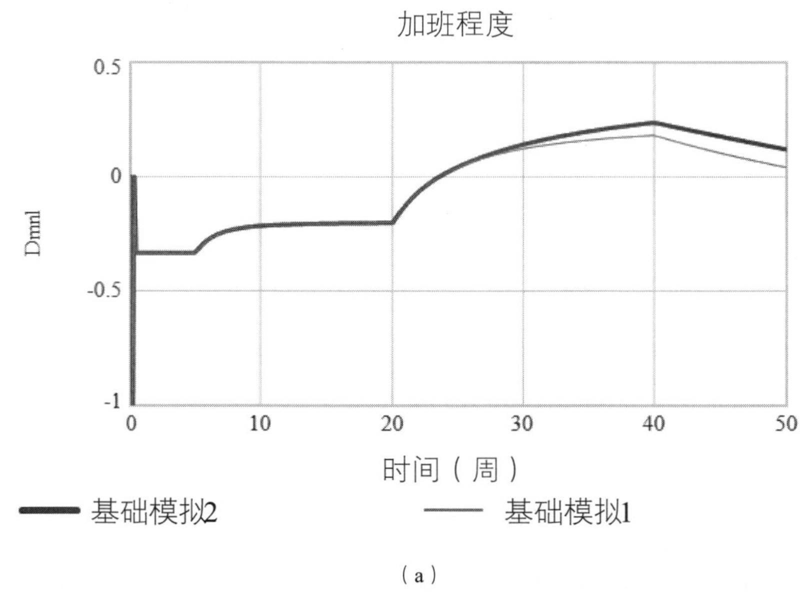

（a）

图 6.10　项目管理按期、按质量的系统动力学模型模拟结果

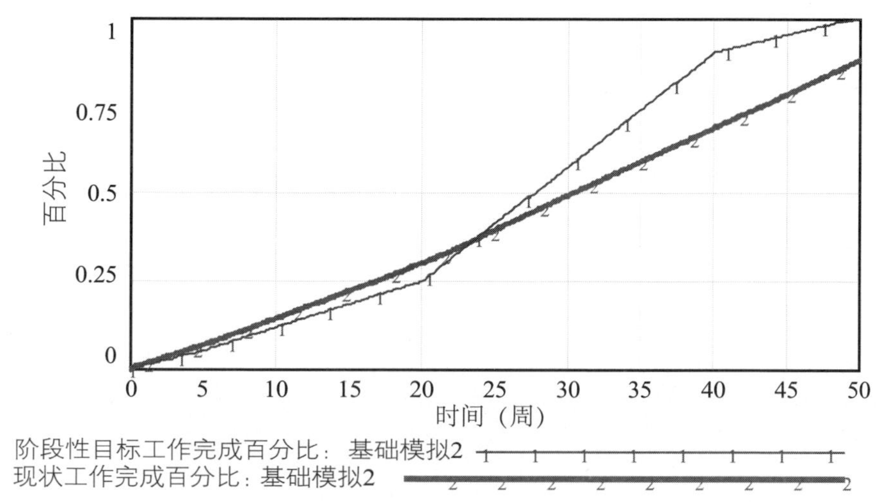

（b）

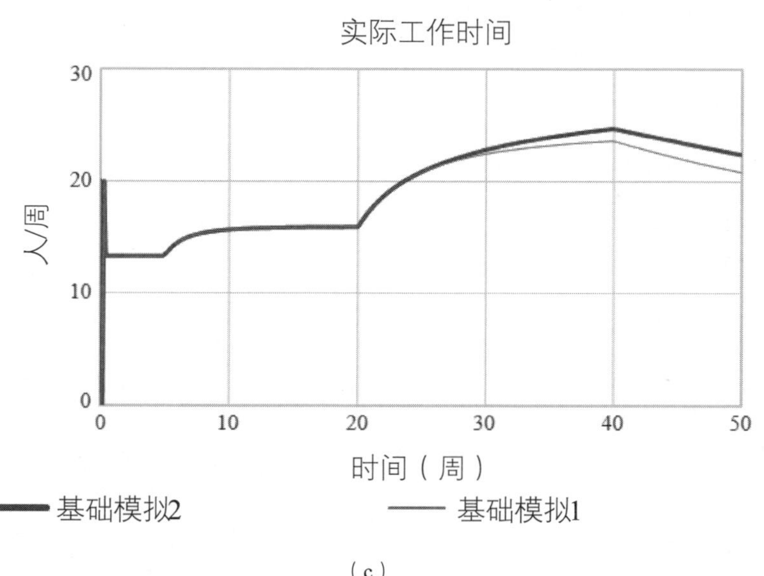

（c）

图 6.10　项目管理按期、按质量的系统动力学模型模拟结果（续）

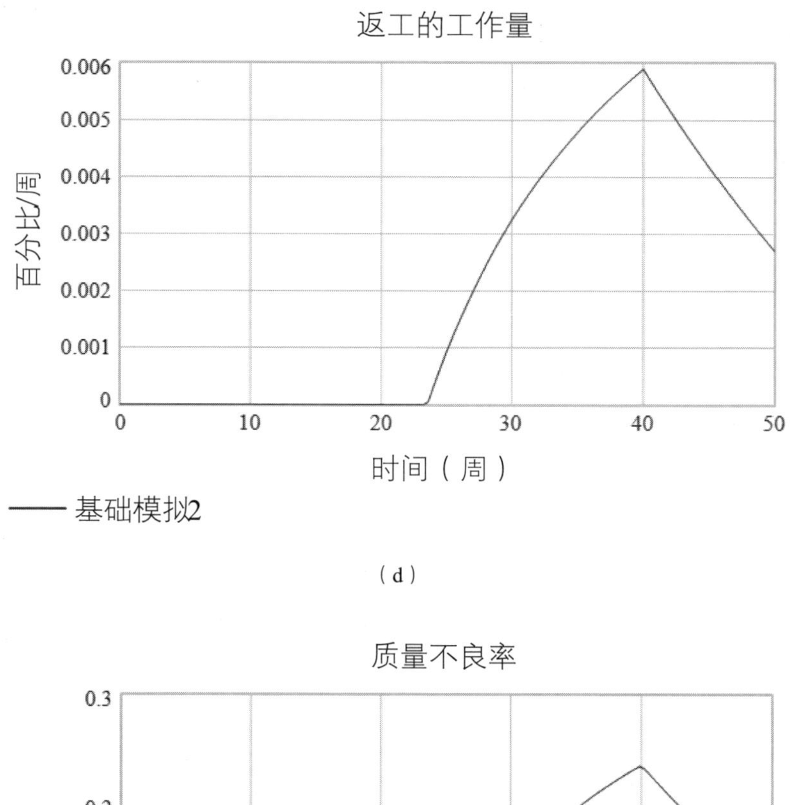

（d）

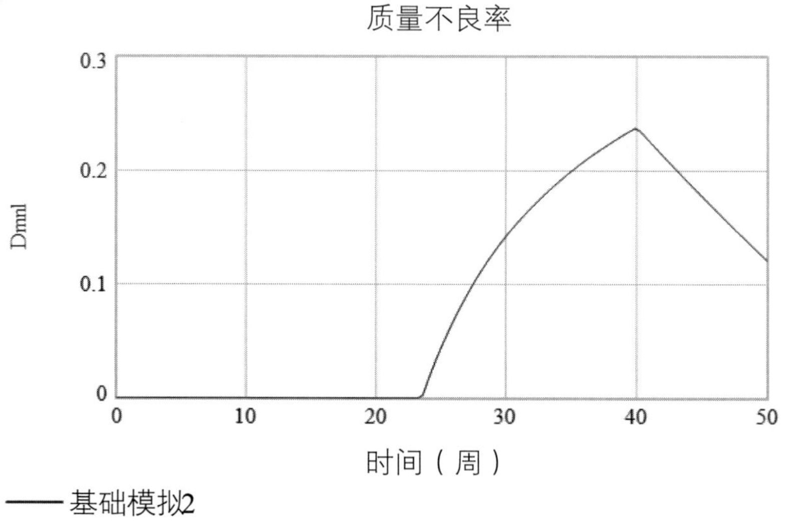

质量不良率

Dmml

0.3
0.2
0.1
0
0
10
20
30
40
50

时间（周）

基础模拟2

（e）

图 6.10　项目管理按期、按质量的系统动力学模型模拟结果（续）

加班是通常使用的使项目按期完工的手段，然而，通过系统动力学的模拟，我们会看到，加班之后，由于工作质量的下降，会导致返工量的增加，更加严重地拖延项目的进程。这就是项目管理中经常遇到的问题，项目团队工作得非常辛苦，常常需要修改之前做的工作，加班不断，但最后还是不能够准时完成任务。一旦进入这样的恶性循环，对于项目的进展是十分不利的，项目经理应及时进行调整，修整团队，充分休息，提高完成任务的质量，减少加班，这样才能使项目顺利进行。

项目管理按期、按质量、按预算的系统动力模型

大量的加班会增加许多额外费用开销，为避免经费超支发生而采用裁减项目人员（项目按预算的对策），裁员将增加既有项目成员的工作量，额外的工作量会影响既有项目的完成进度，如图 6.11 所示。

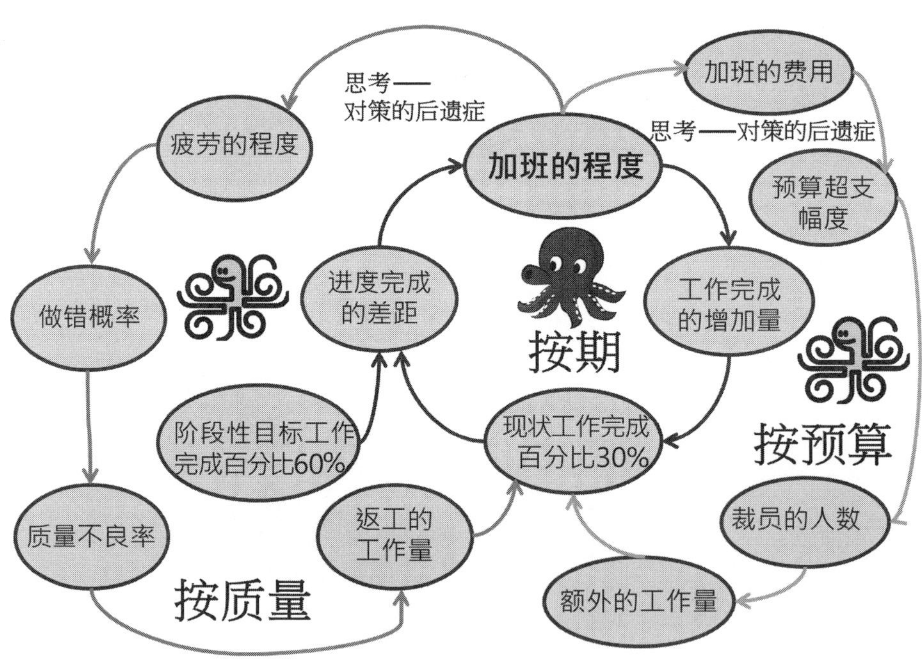

图 6.11　项目管理按期、按质量、按预算的系统思考

基于定性的系统思考，构建定量的系统动力学模型。在图 6.9 的模型基础上，再增加相应的变量——“预算”“实际成本”“预算超支幅度”和“人员变动”等相关变量。实际成本是逐步增加的，因此是存量，流量是每周人员成本。每周人员成本包括计划人员工资和加班费用。其他变量都是辅助变量，通过预算和实际成本可以计算出预算超支幅度，并根据这个幅度对人员进行调节，如果预算超支，则减少人员。图 6.12 是系统动力学的模型，粗箭头的部分是这次新增加的回路。

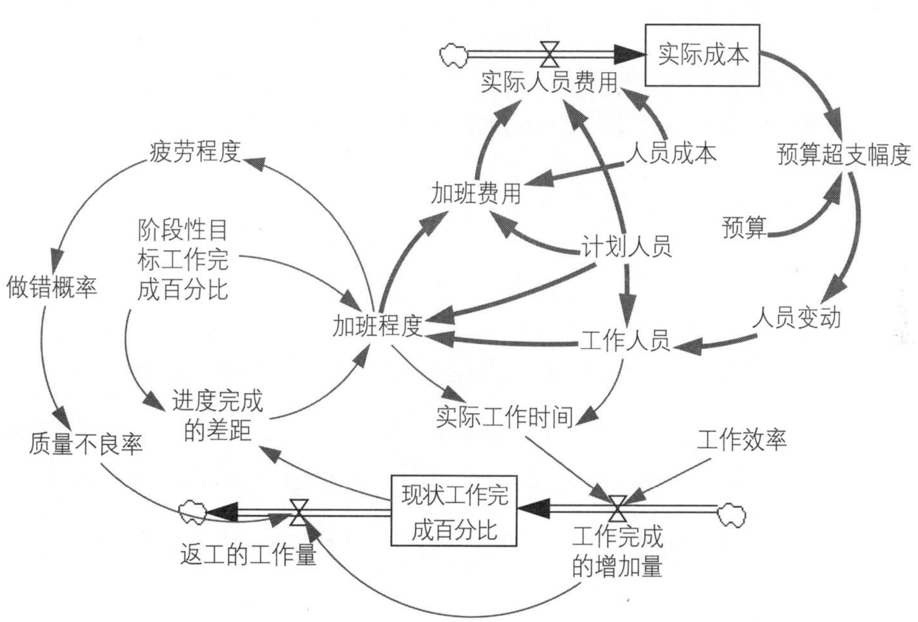

图 6.12　项目管理按期、按质量、按预算的系统动力学模型

这里让我们再对案例的预算进行假设，如果平均成本是每人每周5000元，也就是每人每月2万元，那么总的预算费用就是5000（元/人/周）×20（人）×50（周）=5000000（元）。每个阶段的预算则是根据阶段性目标工作完成百分比来计算。

下面我们为新增加的模型部分编写公式，进行赋值。

实际成本是随着时间积累发生的实际人员费用，初始值是0。

$$实际成本(t) = \int_{t_0}^{t} 实际人员费用\left(t\right) \mathrm{d}t + 实际成本(t_0)$$

$$实际成本(t_0)=0$$

实际人员费用包括团队人员正常的工资和加班费用。

实际人员费用=加班费用+计划人员×人员成本

人员成本=5000（元/周）

加班费用和加班程度相关，当然，加班费用最小为0，即使工作量不足，加班费用也不可能出现负数的情况。这里还有一个简单的假设，那就是加班一小时和平时工作一小时费用是一样的，有的公司加班工资比正常工作的工资高一些，如果是这样的情况，加班费用还会更高。

加班费用=max（0, 加班程度×计划人员×人员成本）

在考虑人员变动的情况下，加班程度不仅要考虑项目进度落后的情况，还要考虑人员减少之后，剩下的团队成员要分担所有人员的工作。

加班程度=（进度完成的差距/阶段性目标工作完成百分比）×
计划人员/实际人员

实际工作人员是根据人员变动而变化的，人员变动是与预算超支相关的。

实际人员=计划人员×（1+人员变动）

人员变动=0–预算超支幅度

预算超支幅度=（实际成本–阶段预算）/阶段预算

阶段预算=计划人员×人员成本×时间

图 6.13 是按期、按质量、按成本的项目管理系统动力学模型模拟结果。完工百分比这张图中标有 1 的线是项目计划完工比例，标有 2 的线是实际的项目进度。模拟结果（基础模拟 3）可以看出，项目开始阶段与按期模型的结果是一样的，工作量不足。而到了项目的中后期，实际完工百分比大大落后于计划完工百分比。到了 50 周的时候，只完成了项目的 85%，还有 15%的项目没有完成。这是由于项目进入中后期时，由于进度加快，20 个人出现了不够用的情况，开始加班赶工。加班赶工一方面降低了项目完成质量，使返工的工作量增加，又增加了加班的强度；另一方面，加班赶工增加了项目成本，为了控制

预算，不得不削减了项目团队人员，那么，被削减人员的工作就得分配给留下的人员，这样就使得留下来的人员有更多加班，再次进入一个恶性循环。在这样的情况下，我们看到加班的程度达到 27%左右，即平均每人工作量达到 51 小时/周。而质量不良率一度超过到了 25%，有超过 1/4 的完工工作需要返工，造成了大量的资源浪费。我们看到，虽然人员数量从 20 个人降低到 18 个人，然而，成本却还是超支了。500 万元的预算最后实际发生了 550 万元才把项目做完。

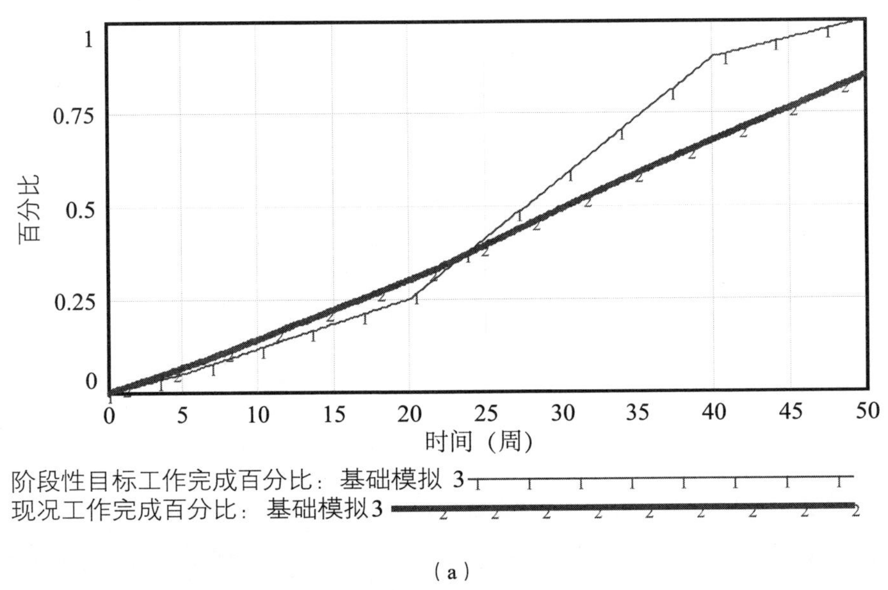

（a）

图 6.13　项目管理按期、按质量、按预算的系统动力学模型模拟结果

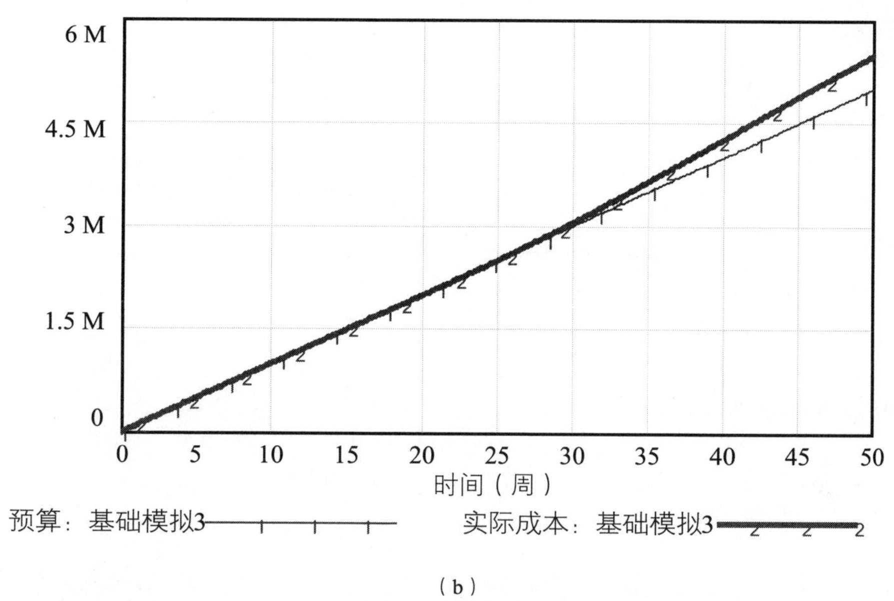

（b）

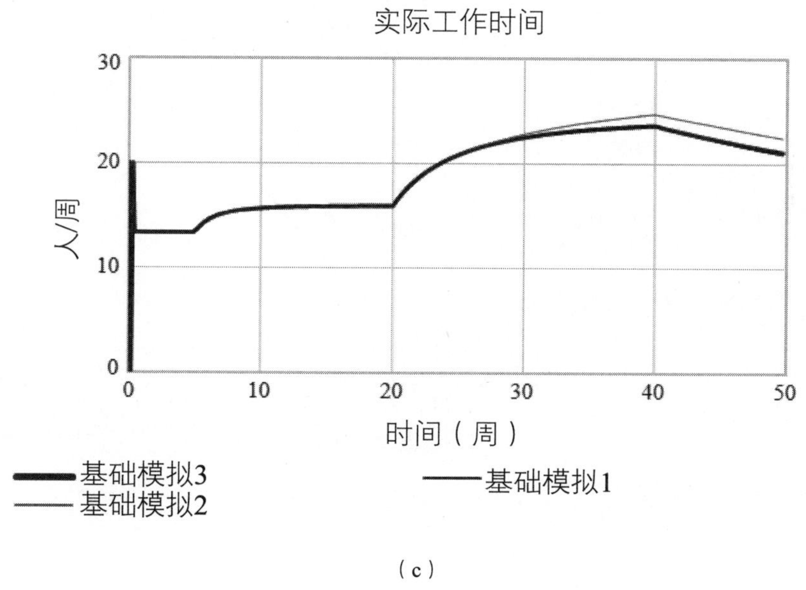

（c）

图 6.13　项目管理按期、按质量、按预算的系统动力学模型模拟结果（续）

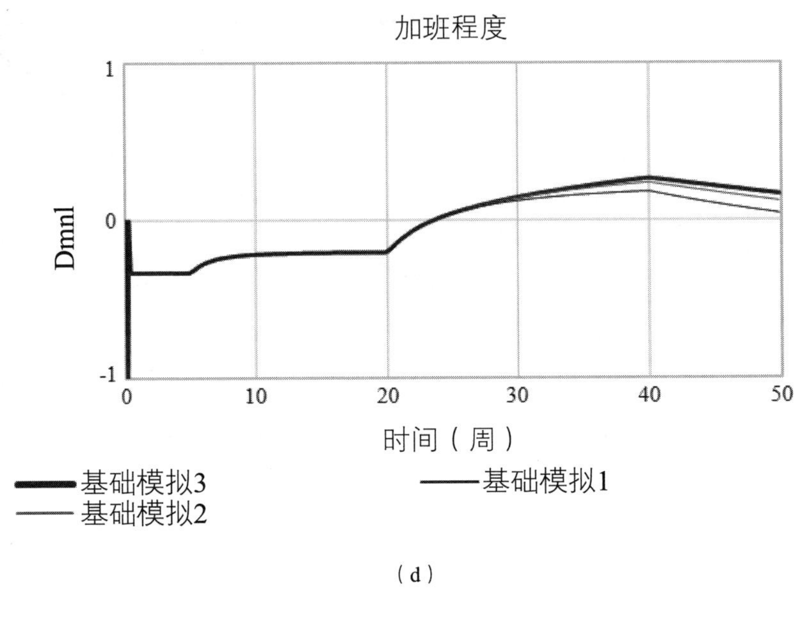

（d）

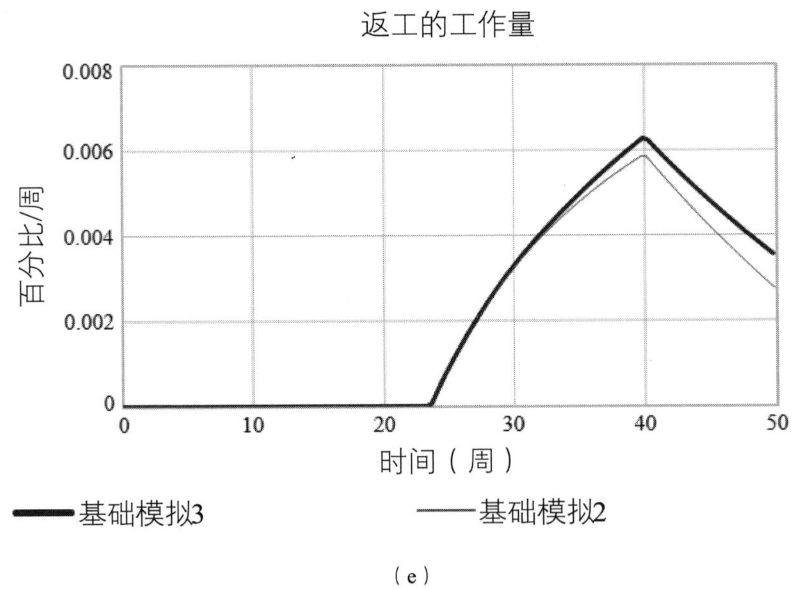

（e）

图 6.13　项目管理按期、按质量、按预算的系统动力学模型模拟结果（续）

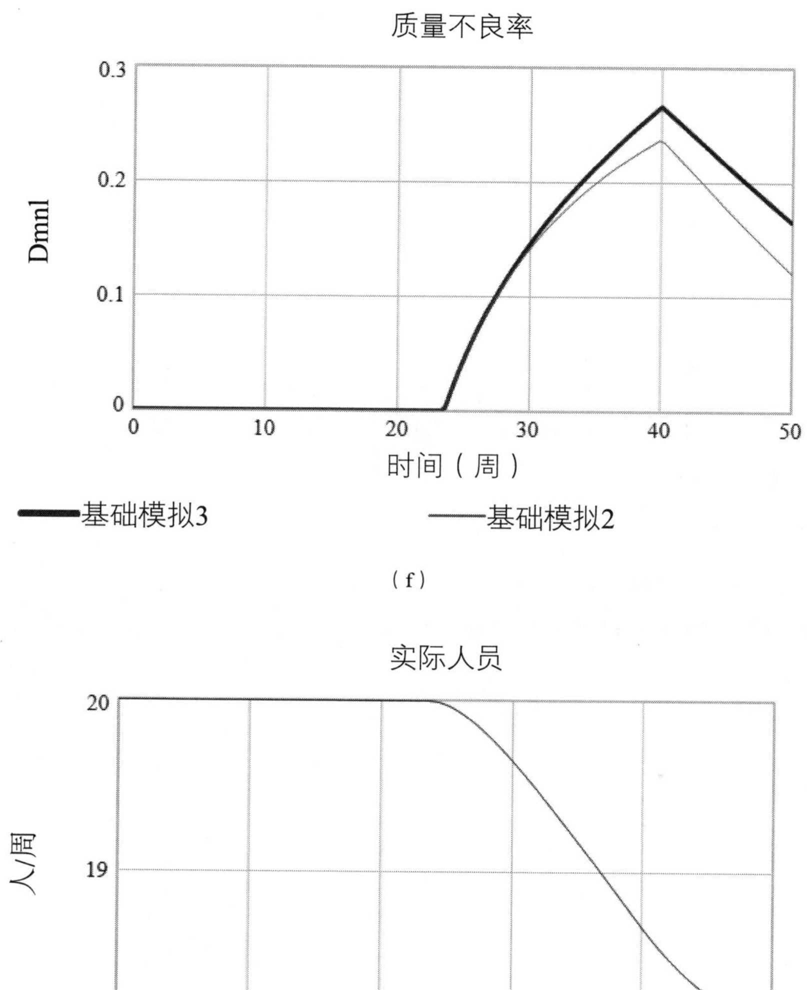

（f）

（g）

图 6.13　项目管理按期、按质量、按预算的系统动力学模型模拟结果（续）

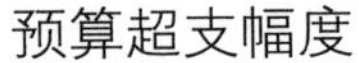

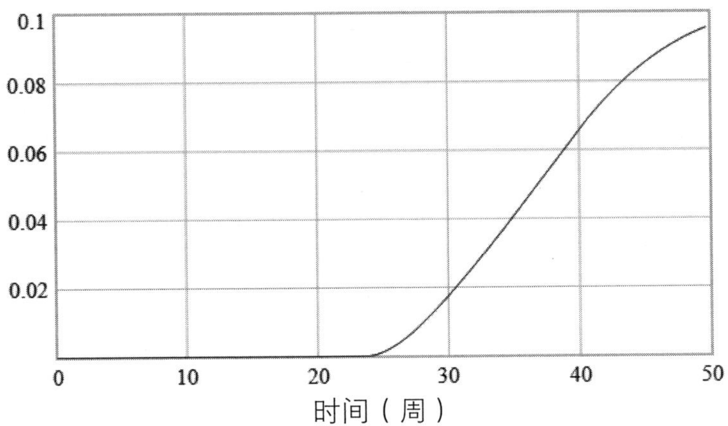

——基础模拟3

（h）

图 6.13 项目管理按期、按质量、按预算的系统动力学模型模拟结果（续）

高效项目管理仪表板

在项目管理中，一般的重要管理仪表板数据就是项目进度、项目成本、项目质量，但是以上按期、按质量、按预算的系统动力学模型揭示了为了按期、按预算完工通常采用的措施，如加班赶工、削减人员都存在副作用，造成加班程度提高，员工疲劳，最后做错概率提高，返工的工作量增加。这样最终会导致项目进度拖延，项目成本超支。

通过系统动力学建模分析，我们发现以下几个重要的问题：

首先，在安排项目团队人员的时候，不要采用固定人员数量的方法，要根据项目的实际进度来安排人员。稳定的项目团队是重要的，可以在稳定的核心团队的基础上，根据项目进度适时地增加人员和削减人员。

其次，加班程度是一个重要指标，将加班程度控制在较低的水平可以使出错率降低，不发生返工就不会产生资源浪费的情况。这样项目也可以按照计划的进度准时完成。

再次，质量不良率也是一个重要的指标，如果出现质量不良的情况，就会产生返工，增加额外的工作量，这样就会引起加班，造成额外的费用。最重要的是，加班引起的疲劳会增加出错率，使返工量增加，形成恶性循环。同时，为了应对超成本的问题而削减人员之后也会引起项目团队的加班，增加出错率，这也是一个恶性循环。在恶性循环中，项目难以按期、按质量、按预算完成。

针对上面的案例的项目进度计划，我们可以这样设置人员的分配策略：前 5 周，派遣团队核心 5 人，5 周后增加到 14 人直到 20 周。20 周后增加到 33 人直到 40 周。40 周后的收尾工作留 10 个人进行。基于这样的设计，模拟的结果如图 6.14 所示。图中较粗的线是策略情景模拟，而较细的线是上面运行的基础模拟 3。

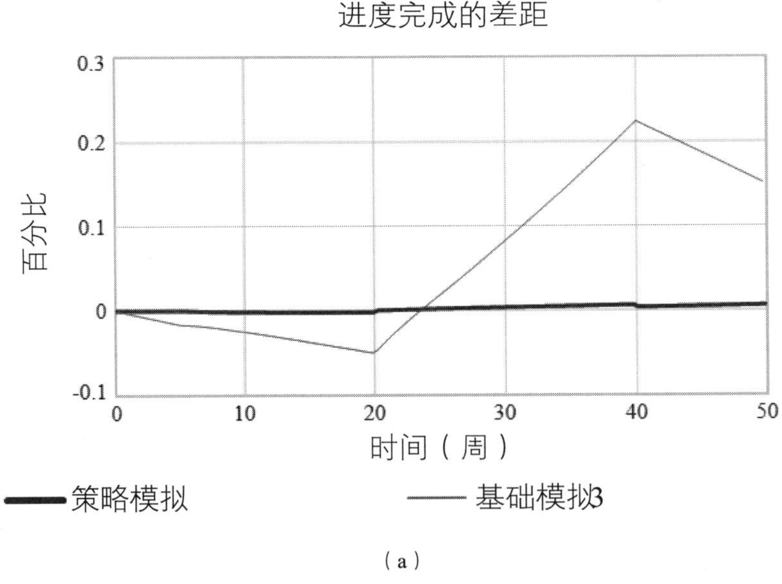

（a）

图 6.14　策略模拟结果

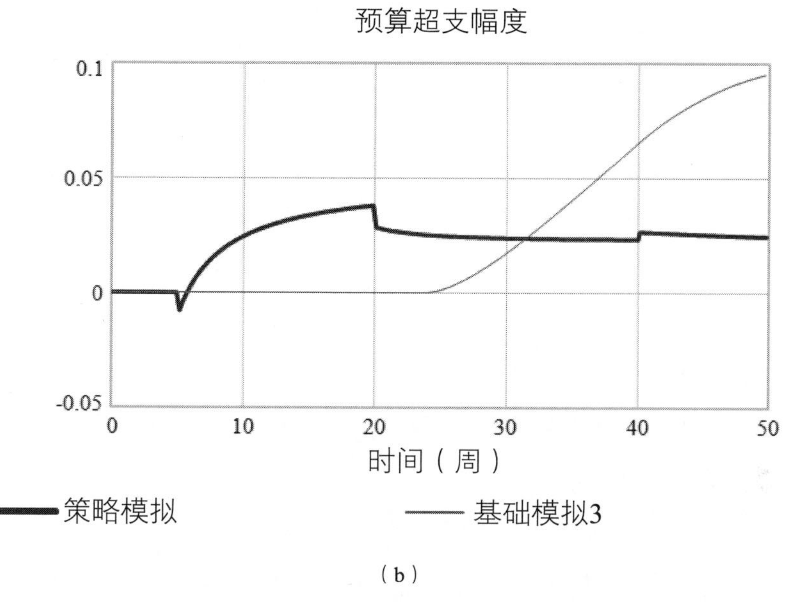

（b）

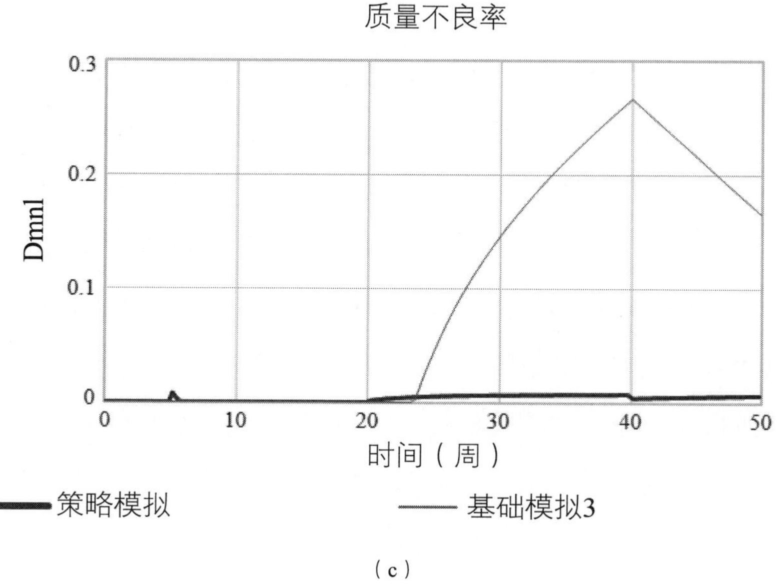

（c）

图 6.14　策略模拟结果（续）

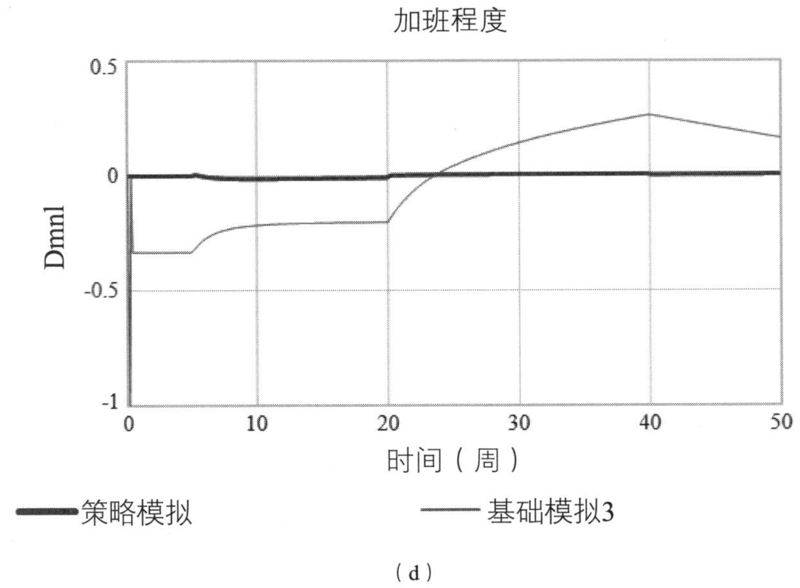

（d）

图 6.14　策略模拟结果（续）

可以清晰地看到，相比于基础模拟 3，策略模拟的结果有极大的改善。进度差距非常小，粗线基本上就在 0 的附近，不像基础模拟 3 的情况，一会儿进度快了，一会儿进度又慢了。预算稍稍有些超支，大概在 2.5%，基础模拟 3 的情况超支在 10%，有很大的进步。值得注意的是，在策略模拟中，前半段时间，预算的超支幅度是大于基础模拟 3 的，因为基础模拟人员数量固定的，那么预算也是平均分配给各个阶段的，然而项目进度初期比较松，使得初期没有超预算的情况发生，但是到了后期的时候，项目任务紧，加之项目团队人员加班疲惫，使得项目成本迅速上升：25 周开始到 31 周，细线已经超过了粗线，最终超支了 10%。在策略模拟中，质量不良率很低，加班程度也几乎是 0。由此可见，整个项目进行得顺利，团队成员很少加班，项目按照完成

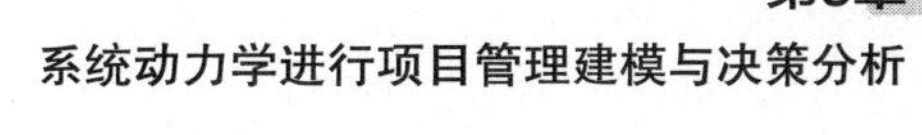

进度，有 2.5%的超支。

总之，对于项目的管理不能仅仅盯着成本和项目完成进度，加班程度、质量不良率才是重要的管理仪表板。如果能将这两个变量控制在很低的水平，那么项目能顺利地完成。有时候，为了把这两个变量控制在较低水平，在项目初期稍微多投一点人力物力，反而可以使项目后期更加容易、顺利，可以在后期节省时间和成本。

附录 A

系统动力学简介

系统动力学（System Dynamics，SD）由美国麻省理工学院（MIT）的福瑞斯特（J. W. Forrester）教授在 19 世纪 50 年代创立，是分析研究复杂系统随时间变化的行为的一种方法。系统动力学从系统结构入手建模，基于系统内部反馈回路和时间延迟构造系统的基本结构，进而模拟与分析系统行为的动态发展。

系统动力学的核心思想是"系统结构决定系统行为"，根据系统内部要素（变量）互为因果的反馈特点，从系统的内部结构来寻找问题发生的根源，而不是用外部的干扰或随机事件来说明系统的行为性质。

系统动力学的发展历史

20 世纪 50—60 年代　SD 诞生

1956 年开始，福瑞斯特教授为分析生产管理及库存管理等企业问题而提出了一种建模和系统仿真方法。1961 年，福瑞斯特教授发表的《工业动力学》（*industrial dynamics*）是系统动力学研究的第一本著作。

1968 年，福瑞斯特教授又出版了《系统原理》（*Principle of System*）一书，论述了系统动力学的基本原理和方法。

1969 年，福瑞斯特教授研究了城市发展中存在的问题，出版了《城市动力学》（*Urban Dynamics*）。

20 世纪 70—80 年代　发展成熟

1971 年，福瑞斯特教授将其研究拓展到世界范围，建立了“世界模型Ⅱ”，研究全球发展问题，出版了《世界动力学》（*World Dynamics*）。

在 20 世纪 60—70 年代，罗马俱乐部曾经探讨过人类目前及未来所面临的困境，但是他们发现问题太过复杂，根本无法思考。基于“世界模型Ⅱ”，福瑞斯特教授的学生梅多斯（D.H.Meadows）等提出了更为细化的“世界模型Ⅲ”，并于 1972 年完成了《增长的极限》这本书。此书被翻译成 34 种语言，在世界上销售 600 多万册，引起了国际上的巨大反响。

之后，福瑞斯特教授又开始进行历时十多年的美国“国家模型”研究，运用系统动力学方法，在宏观经济学和微观经济学之间架起了桥梁，系统地解释了经济长波的根本成因。

20 世纪 90 年代至今　广泛应用与传播

随着系统动力学方法的广泛传播，其在企业组织管理中也开始应用。福瑞斯特教授的学生，彼得·圣吉采取了系统动力学的哲学理念，出版了《第五项修炼》(*The fifth discipline*)，提出了系统思考的重要性。书中大大简化了系统动力学的模型，而是用简单的因果反馈环来定性分析系统，总结了在企业管理中经常出现的共性结构，把艰深的系统动力学转变为人人易懂的系统思考，并在企业组织中实践和推广。《第五项修炼》也引起了广泛的关注，被誉为 21 世纪的管理圣经。

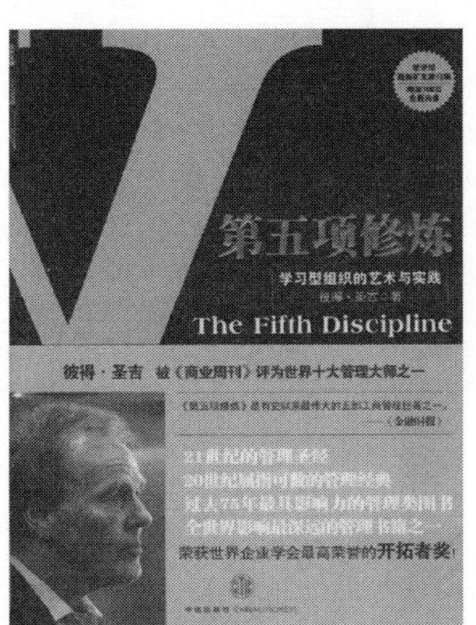

现在，系统动力学方法被广泛应用于社会经济管理各个领域，例如：

宏观社会经济系统研究：

- 国家或地区的社会经济发展
- 国家或地区生态环境与可持续发展
- 宏观经济系统（房地产、金融、经济）
- 公共政策与公共安全
- 卫生保健系统（Health Care System）模拟

微观企业管理系统：

- 企业发展战略
- 竞争与产业发展与演化
- 组织变革与改进模拟
- 物流供应链管理
- 项目动态性与项目管理
- 系统思考与学习型组织

附录 B

Vensim 模拟软件

Vensim 模拟软件简介

Vensim® Software

Linking systems thinking to powerful dynamic models

Vensim 软件可以高质量地开发、分析和包装动态反馈模型。构造模型可以在软件界面上操作或在文本编辑器中写语句。此软件包括动力学函数、下标变量（数组）、Monte Carlo 灵敏性分析、政策优化、数据处理、应用接口等。Ventana 系统也提供模型组件（Molecules），可以提取其系统动力学结构模块或组件用来创建系统动力学模型。

Vensim 是一个可视化的建模工具，用户可以通过 Vensim 定义一个动态系统，将之存档，并在这个动态系统中建立模型，进行仿真、分析及最优化。使用 Vensim 建模非常简单灵活，用户可以通过因果关系图和流量存量图两种方式创建仿真模型。

在 Vensim 中，系统变量之间通过用箭头连接而建立关系，而且是一种因果关系，如图 B.1 所示。

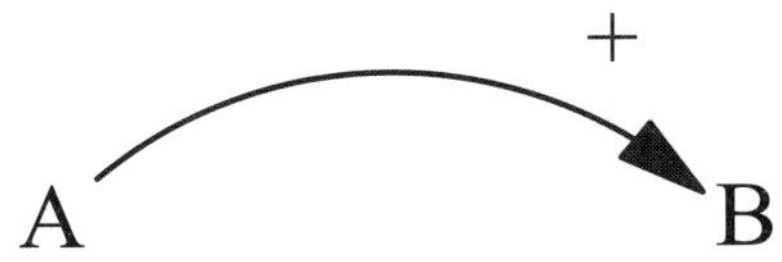

图 B.1　变量之间的关系

变量之间的因果关系由方程编辑器进一步精确描述，从而形成一个完整的仿真模型。例如，B=A+5，可以通过公式编辑器进行编辑，如图 B.2 所示。

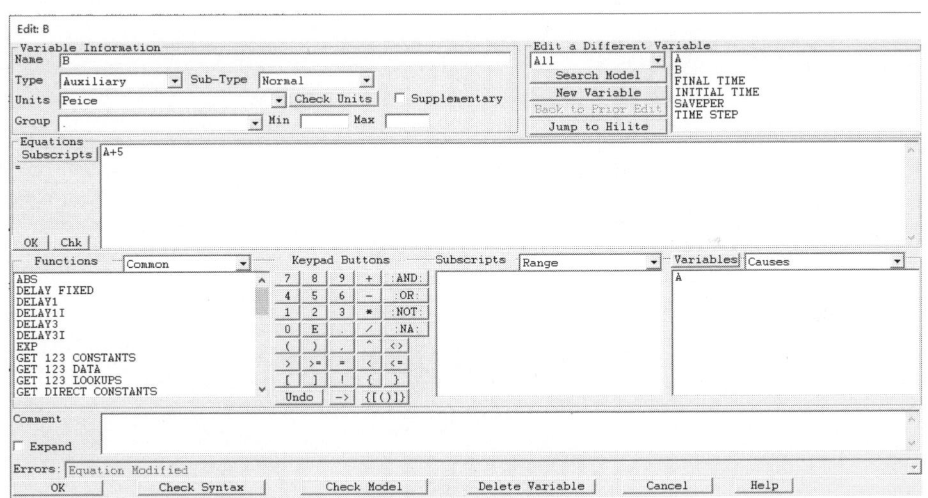

图 B.2　公式编辑器

用户可以在创建模型的整个过程中分析或考察引起某个变量变化的原因，以及该变量本身如何影响模型，还可以研究包含此变量的回路的行为特征。当用户创建了一个可以仿真的模型，Vensim 可以让用户彻底地探究这个模型的行为。如图 B.3 所示，库存的波动并不是由销售的变化造成的，销售在第 50 周突然上升了，但是之后一直保持在 120 件/月，库存的变化是由生产的波动引起的。

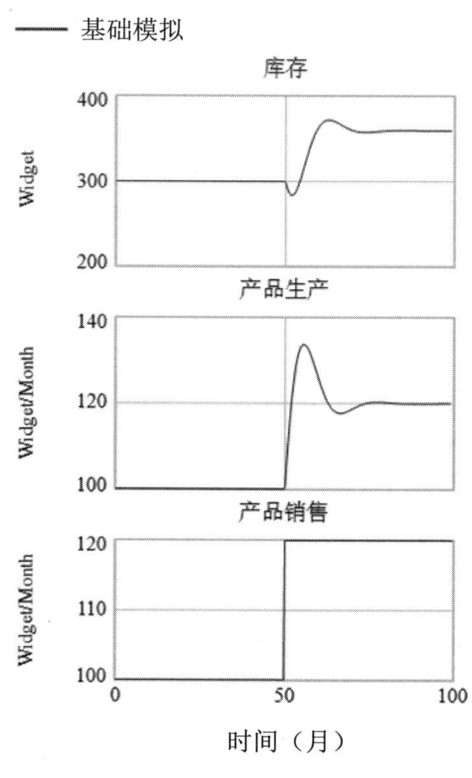

图 B.3 模拟结果

Vensim 模拟软件的功能

1. 图形化编程建立模型

在模型建立窗口画出流图，再通过公式编辑器输入方程和参数，就可以直接进行模拟了，下图 B.4 以库存劳动力模型作为案例。如果用户需要查看有关方程和参数，可使用模型文档的工具键直接获得。

软件提供强大的函数库，支持一般系统动力学方程的建立。例如，数值函数、逻辑运算函数，以及系统动力学专用函数，如表函数建立、延迟函数等。

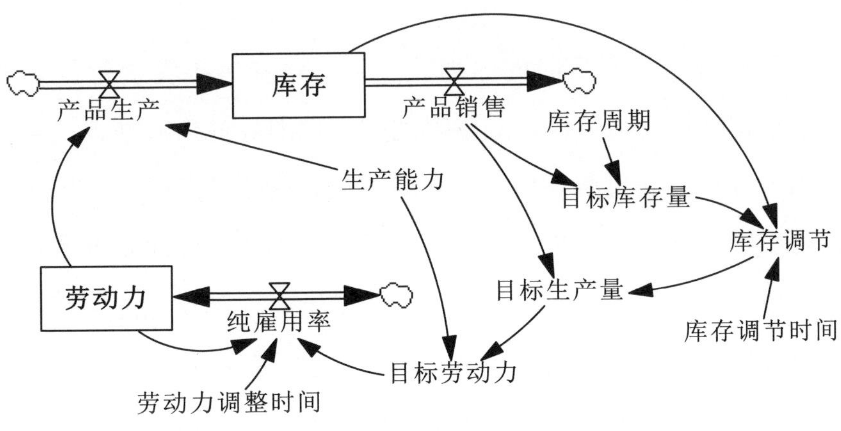

图 B.4　模型案例

2. 模型的静态分析

这是对于研究系统的结构分析。它包括原因树分析、结果树分析及反馈列表。原因树逐层列出影响指定变量的变量，如图 B.5 所示。结果树逐层列出制定变量影响的变量，如图 B.6 所示。

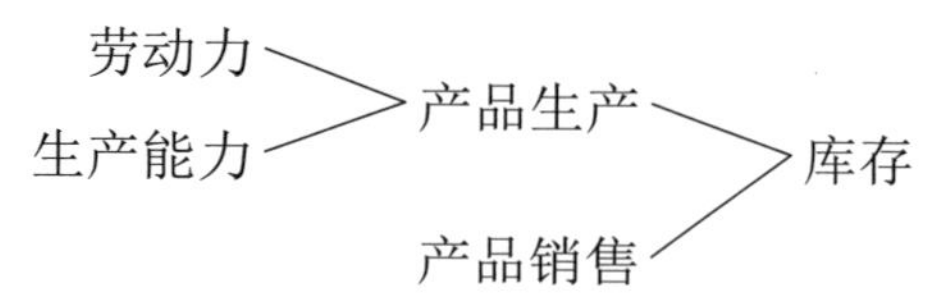

图 B.5 原因树

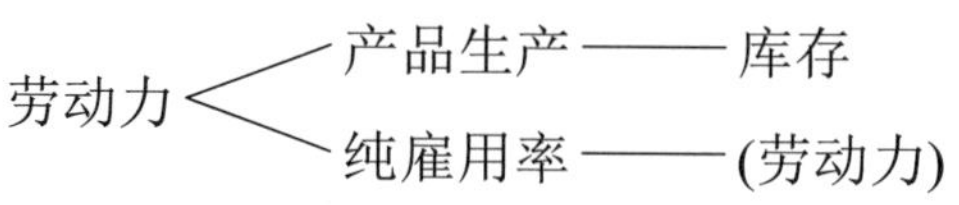

图 B.6 结果树

3. 模型的动态分析

模型运行后，产生时间序列数据集；可利用工具进行数据集分析。对指定变量，可以给出其随时间的变化图，列出数据表；可以给出原因图分析，列出所有作用于该变量的其他变量随时间变化的比较图；可以给出结果图分析，列出该变量与所有它作用的变量随时间变化的比较图；同时，可以将多次运行的结果进行比较。作为最终结果的图形分析和输出，可使用自定义图表，它不但可以列举多个变量随时间的变化图（见图 B.7），而且可以列举变量之间的关系图。

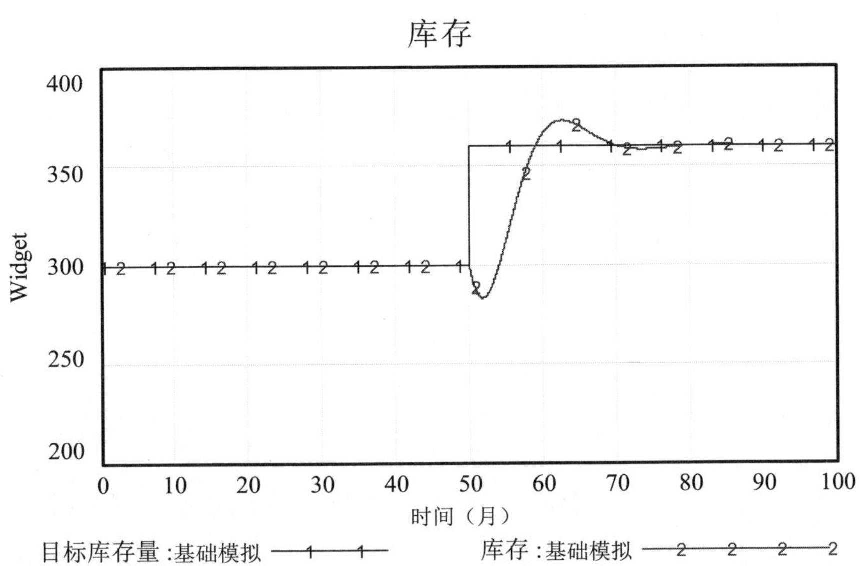

图 B.7　自定义图表

4．模型的模拟

一般模拟（Simulation）：模型可以以普通的方式进行模拟。设定变量，运行并得到数据集合（所有变量的时间序列数据）。

复合模拟（Synthesize Model Structure and Simulation Behavior）：模型也可以采用复合模拟，在模型运行的同时改变输入量，动态地观察各个变量的变化。

Game 方式模拟：设定变量，在模型运行过程中逐步人工干预相关变量（人工输入），从而观察其他系统变量的变化。

5. 真实性检验

对于我们所研究的系统，对于模型中的一些重要变量，依据常识和一些基本原则，我们可以预先提出对其正确性的基本要求。这些假设是真实性约束。将这些约束加到建好的模型中，专门模拟现有模型在运行时对于这些约束的遵守情况或违反情况，就可以判断模型的合理性与真实性，从而调整结构或参数。

6. 灵敏度分析

对于部分输入量，设定一定的变化范围，采用蒙特卡罗模拟方法进行抽样模拟，从而得到重要输出变量的范围。一方面，可以找到影响系统变化的关键变量；另一方面，又可以得到重要系统变量的变化范围。敏感性测试如图 B.8 所示。

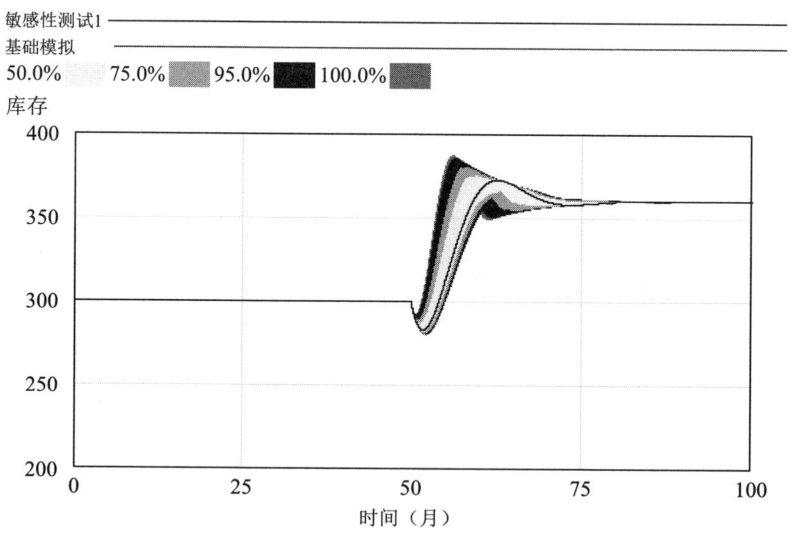

图 B.8 敏感性测试

7. 模型刻度与政策优化

模型刻度：模型的运行结果，应该符合历史的数据集合。软件提供通过运行结果与历史时间序列数据的比较，刻度与优化相关的关键变量，从而使模型更符合实际系统的表现。

政策优化：同时，对于初步模拟获得的政策，也可提供比较与优化。

8. 输出与输入及外部接口

首先，模型分析具有强大的图形功能，可以输出一般的条形图、直方图、三维图和数据表格。

其次，模型数据输入，可以读取 Excel 和 Lotus 表格数据，以及直接读取数据库数据。另外，模型支持动态数据交换。

软件提供外部函数接口，可以调用外部 C、Java 等语言的程序，或者被相关的 C、Java 等程序调用。

另外，用户可以对于界面进行自定制开发。

9. 平台及运算能力

系统动力学软件一般运行于 Windows 等平台上，具有强大的运算精度与速度，以及处理多变量的数据能力。

软件购买和软件使用培训的问题可以联系易韬信息技术有限公司，具体公司介绍及联系方式见后页。

上海易韬信息技术有限公司

上海易韬信息技术有限公司成立于 2007 年，专业从事系统动力学软件销售、建模技术培训、系统思考企业培训及咨询项目。十多年来为国内上百家机构提供了系统动力学软件，每年提供两次系统动力学建模技术的培训班，以及多次企业内部培训课程。

【卓越优势】

顶级师资阵容：应用系统动力学方法获得博士学位，并多年应用此方法在各领域的研究中。

长期聚焦：专业从事系统思考和系统动力学建模工作，积累了大量实践经验。

强大专家库：依托中国工程学会系统动力学专业委员会，与系统思考系统动力学专家学者合作。

【课程体系】

系统动力学及 Vensim 建模与模拟技术初级培训	开始学习系统动力学，希望全面了解建模技术，包括系统动力学基本原理、Vensim 基础建模技术、案例演练	每年两次，5 月和 10 月
Vensim 建模与模拟技术高级培训	已经学过系统动力学，希望提高建模技术，包括 Vensim 高级功能、案例模型精讲、已建模型讨论	每年两次，7 月和 12 月
建模咨询服务	提供建模思路，修改模型	按需
企业内训服务	系统思考、集体建模会、啤酒游戏	按需

【联系方式】

上海易韬信息技术有限公司 www.vensim.com.cn 公司邮件： Systemdynamicssw@126.com 公司电话： 13661763042	公司二维码  易韬 	QQ 研讨群  Vensim 系统动力学交流 扫一扫二维码，加入群聊